KB046604

은퇴자의 공부법

은퇴자의 공부법

공부하는 은퇴자에게는 정년이 없다

윤영선 · 윤석윤 · 최병일 지음

어른의시간

은퇴자, 공부를 통해
새로운 길을 찾다!

행복한 노후, 즐거운 은퇴를 위해서 무엇을 준비해야 할까? 대부분의 은퇴에 관련된 책들은 재정과 건강이라는 두 가지 주제가 중심이다. 당연히 경제적 안정과 건강은 노후 생활의 필수이다. 연금이나 저축 등으로 노후를 제대로 준비한 사람은 노후 생활에 대한 부담이 없을 것이다. 그러나 생활 문제가 해결되지 않은 사람이라면 계속 일을 해야 한다. 아니면 자식들의 효도에 의존하거나 국가의 지원에 의지할 수밖에 없다. 그들에게는 은퇴라는 말 자체가 사치스런 단어이다. 하지만 '밥만 먹고 살 수는 없지 않나'라는 말도 있지 않은가!

공부는 대부분의 은퇴 관련 책에서 빠져 있는 주제이다. 그렇지만 실제로 내적 충전을 원하는 사람들이 의외로 많다. 이 책은 그들에게 삶의 방향을 제시하고 인생 후반을 멋있게 만드는 지적 즐거움을 알려준다. 지적인 생활에서 빠질 수 없는 게 '책'이다. 책은 사람들을 새로운 길로 안내하는 지도와 마찬가지이다. 한 예로 일본 최고의 부자가 된 재일교포 사업가 손정의는 한창 나이에 열심히 일하던 중 의사로부터 길어야 5년이라는 시한부 선고를 받고 병원에서 4,000권의 책을 읽어 성공을 이루었다.

이 책은 은퇴자와 은퇴 예비자들 중에서도 스스로 공부하기를 원하는 사람들을 위한 것이다. 여기서 말하는 공부는 크게 세 가지다. 책 읽기와 독서토론, 그리고 글쓰기다. 바쁜 직장 생활을 하면서는 시간도 없고 마음의 여유도 없어서 책을 읽기 힘들었지만 이제는 자신을 위해 책을 읽을 시간이 많다. 책은 혼자 읽는 거라고 생각하겠지만 함께 읽으면 훨씬 재미있고 즐겁다. 그리고 책을 읽는 것만으로 끝내는 것이 아니라 함께 토론을 하는 것이 좋다. 혼자 하는 독학(獨學)보다 함께 나누는 공학(共學)을 권한다.

독서토론은 '관계와 참여'의 자발적 공부다. 그렇기 때문에 다양한 토론 모임은 직장이나 인간관계의 단절을 경험한 외로운 은퇴자에게 소속감을 느끼게 하고 마음의 안정을 준다. 적극적으로 도서관의 독서회에 참여하고 나아가 글쓰기를 추천한다. 젊은이들의 전유물처럼 여겼던 블로그와 SNS에도 많은 친구들이 은퇴자를 기다리고 있다.

이 책을 쓴 세 명의 저자는 각각 정퇴자, 졸퇴자, 조퇴자이다. 정퇴자란 정년을 제대로 마치고 은퇴한 사람, 졸퇴자는 졸지에 직장에서 길거리로 내몰린 사람, 조퇴자는 젊은 시절에 일찍 직장 생활을 정리하고 자신의 길을 개척한 사람이다.

1부 '공부에 빠지다'는 민간경제연구소에서 정년을 마치고 퇴직한 정퇴자 윤영선 박사의 이야기이다. 은퇴를 앞둔 정퇴자의 복잡한 심경과 준비 상황, 그리고 최종적으로 독서와 글쓰기에 참여한 과정을 진솔하게 이야기하고 있다.

2부 '삶을 바꾸다'는 회사 부도로 길거리에 내몰렸다가 공부로 새로운 길을 찾은 졸퇴자 윤석윤 강사의 이야기이다. 일하면서 공부하고, 공부하면서 일했던 치열하게 살아온 삶을 살펴볼 수 있다. 왜 그렇게 공부에 미련을 가졌는지, 난관에 부딪치고 역경에 빠졌을 때 그를 구해 준 것이 무엇이었는지, 또 인생 후반전에 새로운 길로 안내해 준 것이 무엇이었는지를 담고 있다.

3부 '세상과 통하다'는 젊은 나이에 강사로 자신의 길을 개척한 조퇴자 최병일 교수의 이야기이다. 비교적 이른 나이에 회사를 그만두고 프리랜서 강사를 하면서 공부를 통해 어떻게 세상과 대화했는지를 생생하게 보여 준다. 지금은 젊은 세대의 역할모델이 되고, 가정의 문제를 해결해 주는 멘토가 되어 '불통'의 시대에 '소통'하는 방법을 알려 주고 있다.

오늘날은 인간 수명 100세 시대이다. 30년 준비해서 들어간 직장도 정년을 보장받지 못하고, 다행히 정년까지 마친 행운아라 해도 30년의 노년이 기다리고 있다. 이제 은퇴 전 준비 활동이 필요하다. 경제적인 부분도 중요하지만 내적인 성숙과 지적인 활동을 위한 준비도 미리 해야 한다. 은퇴를 앞두고 느끼는 불안감과 막막함에서 벗어나 보다 나은 노년을 보내기 위해서는 말이다.

이 책은 3인의 은퇴자가 자신의 삶과 경험을 통해 얻은 모든 공부 노하우를 소개하고 있다. 저자들의 공부법이 은퇴자들이나 예비 은퇴자들에게 도움을 주고 가이드 역할을 하기를 기대한다.

2015년 9월

윤영선 · 윤석윤 · 최병일

• 차례 •

머리말 은퇴자, 공부를 통해 새로운 길을 찾다!   004

1부. 공부에 빠지다 | 윤영선 |

50대 초반에 맞은 사춘기   013
내 인생의 롤모델을 찾다   020
본래의 나를 찾는 시간   026
•공부법 1-1• 은퇴를 전후한 나의 변신기   033
열린 독서로 나아가다   036
•공부법 1-2• 독서토론을 위한 논제 뽑기 연습   044
글쓰기에 도전하다   048
•공부법 1-3• 나의 100일 글쓰기 사례   054
고전 문학의 바다에 빠지다   059
•공부법 1-4• 내가 쓰는 고전 서평 - 주인공들의 삶을 사유하다   064
나는 왜 공부하는가   068
•공부법 1-5• 베이비붐 세대에게 공부를 권하다   075
고독력을 키우다   079
삶과 죽음을 관조하다   086
•공부법 1-6• 나의 노후 준비 5대 실천 전략   091

2부. 삶을 바꾸다 |윤석윤|

여행가를 꿈꾸다 뱃사람으로   097
인생은 여행이다   102
삶의 현장에서 배우다   106
배우면서 일하고, 일하면서 배우다   109
• 공부법 2-1 • 책 읽기에 목표를 세워라   116
오늘도 나는 쓴다   120
• 공부법 2-2 • 글쓰기에 도전하라   128
책 읽기를 다시 공부하다   134
• 공부법 2-3 • 함께하는 학습 모임에 참여하라   139
정년이 없는 새로운 삶   146
못 가 본 길을 가다   154

3부. 세상과 통하다 |최병일|

강사로 살아가다   163
글쓰기와 독서토론을 실천하다   170
• 공부법 3-1 • 여행 인문학 - 작품 속 장소에서 토론하다   177
책이 만들어 준 인연   183
• 공부법 3-2 • 강의를 잘하는 기술   193
젊은 세대와 소통하다   196
생각의 힘을 키우는 책 읽기   203
가르치며 배우다   209
• 공부법 3-3 • 자서전 쓰기 - 삶의 이야기와 노하우를 글로 남기다   216
사람을 남겨라   219
이젠, 디딤돌이 되어   224

인터뷰 인생 후반기에 찾은 공부하는 즐거움   232

맺음말 우리는 모두 학생이다   249

1부

공부에
빠지다

윤영선

1부

투자 없이 새로운 일을 찾는 것은 불가능하다. 그러나 은퇴 후 투자는 돈이 아니라 자신의 재능이 되어야 한다. 자신이 잘하고 좋아하는 일을 찾아서 거기에 헌신하다 보면 인생 2막의 새로운 일을 찾을 수 있을 것이다. 이것은 '인생을 한 번 더 살 수 있는 기회'를 만드는 일이기도 하다. 이 얼마나 큰 축복인가! 나에게 그것은 독서와 글쓰기이다. 나는 은퇴하기 5년 전부터 책을 읽고 글 쓰는 것을 꾸준히 실천해 왔다. 그것이 힘이 되어 은퇴 후 그 길로 나아가고 있다. 그렇다고 앞으로 큰 결실을 얻을 거라 확신하는 건 아니다. 은퇴 후 확실히 나아진 점은 예전보다 지나치게 성과에 집착할 필요가 없다는 것이다. 그저 즐겁고 행복하면 좋다는 마음으로 좋아하는 일을 계속하다 보면 용돈벌이 정도는 되겠지 하는 소박한 희망이 있을 뿐이다. 은퇴를 전후해 느꼈던 나의 고민과 여러 경험을 많은 은퇴자들, 예비 은퇴자들과 공유하고자 한다.

50대 초반에 맞은 사춘기

한밤중에 깨어나다
• • •

"엄습하는 허무는 그간의 정체성을 부숴버리는 괴물로 다가오지만, 다른 한편 새로운 정체성을 구축하라는 긍정적인 신호이기도 하다. 지금보다 훨씬 가혹한 혼란을 겪을 노년을 앞두고 청년시절을 버텨온 힘인 정체성을 새롭게 하라는 시그널이다. (……) 베이비부머들에겐 훨씬 더 절망적인 노년에 진입하기 전에 맞는 예방접종이라고 할까. 단, 은퇴와 허무가 동시에 공격하면 감당하지 못할 수도 있다."

송호근은 저서 『그들은 소리 내 울지 않는다』에서 이제 막 인생 후반기에 진입하는 715만 베이비부머(1955~1963년생)들의 고민을 사회학자의 예리한 눈으로 파헤치고 있다. 나는 이들 베이비부머 중에서도 선두 주자인 1955년 1월생이다. 2014년 12월 정년퇴직한 1년도 채 안 된 완전 초짜 백수이다. 대다수 베이비부머들과 마찬가지로 나 역시 50대 초반을 넘어서면서 인생의 허무를 느꼈고 정체성의 혼란을 겪었다. 50대 전후로 찾아온다는 제2의 사춘기가 나에게도 찾아온 것이다.

다시 사춘기를 맞으면서 나는 지난 세월을 돌아보았다. 시골에서 태어나 유소년 시절을 보냈고, 도시로 나가 고등학교와 대학교를 다녔다. 고등학교 입학 때부터 사실상 고향을 떠난 셈이다. 학창 시절 나는 인생이란 위로 곧게 뻗은 직선 같은 것이라고 생각했다. 남들과 경쟁하며 끝없이 사다리를 타고 올라가야만 성공할 수 있다고 배웠다. 그래서 사회에서 인정받고 경제적으로 성공하기 위해서는 한눈팔지 않고 정해진 길을 나아가야 한다고 믿었다. 그 시절 나에게도 견디기 어려운 사춘기의 시련이 있었다. 하지만 한참 공부해야 할 시기에 그런 감정은 사치라고 여겼고, 그래서 그저 빨리 지나가기만 바랐다. 직장은 그런 주입된 생각을 실천하는 장이었다. 경쟁의 틈바구니에서 더 인정받고 더 높은 직급으로 올라가기 위해 고군분투했다. 대학원을 나와 연구소에 취직했고, 계속 공부를 하여 박사 학위도 받고 나름 성공 가도를 달렸다. 좋은 스펙을 쌓을수록 힘센 관리자가 되기를 원하는 관행을 좇아 기획조정실장이라는 보직을 맡기도 했다. 그러나 거기까지가 전부였다. 50대 초반에 이르자 한계를 실감하기 시작했다. 더 이상 앞이 보이지 않았다. 갑자기 막대기 중간쯤에 대롱대롱 매달려 있는 것 같은 기분이 들었다. 트리나 폴러스의 『꽃들에게 희망을』에 묘사된 애벌레기둥에 매달린 무수한 애벌레 가운데 하나처럼 말이다.

정년퇴직이 그리 먼 훗날의 이야기가 아닐 것이라는 불안감이 밀려왔다. 집에서도 나름 가장으로 최선의 노력을 다했지만 왠지 나만 따로 떨어져 있는 것 같았다. 불면증이 생겼고 한밤중에 잠에서 깨어나 등줄기에 흐르는 식은땀을 닦는 날이 자주 있었다. 잘못 살아왔다는 생각과 함께 앞으로 살아갈 날들에 대한 고민은 점점 깊어졌다.

성인의 사춘기 역시 때가 되면 누구에게나 찾아온다. 하지만 그것을 어떻게 극복하느냐는 사람마다 다르다. 당연히 그것은 각자의 몫이다. 잠시 동안 감기를 앓은 것처럼 툴툴 털고 일어나는 사람들도 있다. 그리고는 마치 아무 일도 없다는 듯이 지금까지의 방식대로 살아간다. 대부분의 직장인들은 이 시기 열심히 일을 하고 성과를 내야 하므로 자신을 돌아볼 틈조차 없다. 공부에 전념해야 하는 사춘기 청소년처럼 그들은 머지않아 다가올 세상이 두렵기는 해도 대처할 시간적 여유가 없고 방법을 모른다. 그러다가 어느 날 갑자기 아무런 준비도 없이 퇴직이라는 문밖으로 밀려 나오게 된다. 그러나 나는 운이 좋았는지 뒤늦게 제대로 사춘기를 겪었다. 50대 초반 불현듯 찾아온 사춘기가 제법 오랫동안 나를 혼란스럽게 만들었다. 이대로 살다가 삶을 마감하기에는 내 삶이 너무 허무하다는 생각이 들었다. '나는 누구인가'에서부터 '남은 인생을 어떻게 살아야 하나'에 이르기까지 끝없는 질문이 이어졌다. 기나긴 방황의 시기였다. 방황의 시간이 길었던 만큼 나의 말년 직장 생활은 한창때처럼 열정적이지 못했다. 다행히 연구소라는 비교적 안정적인 직장을 다닌 덕분에 60세 정년퇴직을 보장받을 수 있었다. 그 시절 나는 닥치는 대로 책을 읽었다. 주로 자기계발서를 읽었고 종교와 철학서적에도 심취했다. 답을 찾기 위해서라기보다는 그저 위로받고 마음의 안정을 얻기 위해 책을 읽었다. 그러나 꽤 많은 책을 읽었음에도 새로운 정체성을 찾거나 확실히 달라졌다는 느낌을 얻지는 못했다.

제2의 사춘기를 보내며

• • •

성인기에 찾아온 제2의 사춘기를 쉽게 넘기지 않은 것이 오히려 다행이었다는 생각이 든다. 청소년 시절처럼 성인이 되어 맞는 사춘기 역시 새로운 출발을 위하여 반드시 치러야 하는 고통의 시간들임에 틀림없다. 그 시기를 아무런 고민 없이 넘겨 버리면 훗날 진정으로 자기가 원하는 삶을 살고자 할 때 어려움을 겪을 가능성이 높다. 애비게일 트래포드는 저서 『나이듦의 기쁨』에서 "낡은 틀 속에서는 나만의 시간이 없다"며 그러기 위해서는 "용기가 필요하다"고 말했다. 사이토 다카시는 『타임 콜렉터』에서 인생에는 두 개의 산맥, 즉 사회생활의 한창때를 의미하는 '성숙기 산맥'과 인생 후반의 자유를 만끽하는 '황금기 산맥'이 있다고 말했다. 그러면서 "황금기 산맥을 제대로 타기 위해서는 성숙기 후반에 기어 변환을 잘해야 한다"고 역설했다. 『서드 에이지, 마흔 이후 30년』의 저자 윌리엄 새들러는 이 시기를 '창조적 불확실성의 시기'라고 불렀다. 새 삶을 모색하기 위한 불안과 고통의 시기라는 뜻이다. 나는 이 시기가 바로 제2의 사춘기라고 생각한다.

어쩌면 다시 한 번 새로운 인생을 살아 보라는 기회가 주어진 것이나 마찬가지다. 불과 반세기 전만 해도 이런 행운의 기회를 얻는 것은 불가능했다. 그때는 직장을 은퇴하고 나면 적당히 노후를 즐기다가 세상을 떠나면 그만이었다. 그러나 100세 시대가 된 지금은 다르다. 준비 여하에 따라 인생을 새롭게 살 기회가 한 번 더 있는 것이다. 60세에 은퇴하면 85세까지 25년, 90세까지는 30년이란 세월이 남아 있다. 원하는 인생의 그림을 새롭게 그릴 수 있는 시간은 충분히 있다. 만약 이 시기를 아무런 준비 없이 맞이하면 그 긴긴 시간들은 축복이 아니라 오히려 재앙의 시간이 되고 말 것이다.

나는 은퇴가 눈앞에 다가올 즈음 다시 뒤를 돌아보았다. 지금까지 역동적인 성년기의 삶을 살아왔으며 가족과 사회에 대한 책임도 나름대로 충실히 이행해 왔다고 자부한다. 그런데 도대체 나는 무엇 때문에 지난 삶을 공허하다고 느끼는 걸까? 그러고 보니 내 의식 속에는 늘 '이류인생'이란 단어가 따라다니고 있었다. 그것 때문에 늘 주눅 들어 있었고 매사에 자신이 없었다. 그것은 남에게 말할 수 없는 나만의 내밀한 콤플렉스였다. 학교와 직장에서 나는 늘 이류의 삶을 살아왔다. 적당히 중간쯤, 아니 그것보다는 조금 더 높은 중상쯤의 위치까지는 올라가 보았어도 단 한 번도 꼭대기에 이르지는 못했다. 그러니까 단 한 번도 일류, 즉 확실한 성공의 삶을 살아 본 적이 없었다. 그러다가 직장 생활을 마감하고 만 것이다. 직장 문을 나서면서 나는 앞으로 주어진 인생만큼은 그렇게 살고 싶지 않았다. 길고 긴 제2의 사춘기가 답을 가르쳐 주었다. 그것은 다름 아닌 지금까지 알고 있던 성공의 잣대를 과감히 버리는 것이었다. 나는 낡은 틀을 버리기로 결심했다. 남으로부터 인정받고 남과 비교하며 살아가는 삶에서 벗어나 나의 길을 가야겠다고 결심했다. 그리고 부지런히 나의 길을 찾아 나섰다. 그러나 길을 찾는 것은 결코 쉽지 않았다. 하지만 지금은 안다. 그 길은 나의 가장 가까운 곳에 있다는 것을.

고대 철학자 헤라클레이토스는 "성격은 곧 운명이다"라고 말했다. 이 말은 성격이 운명을 결정한다는 뜻과 함께 성격은 운명처럼 타고 난다는 뜻도 담고 있다. 성격은 결코 바뀔 수 없으며 그런 의미에서 운명이라고 말할 수 있다. 그렇다면 지난날 내 삶이 그토록 공허하고 무의미하게 느껴지는 것은 내가 살아온 삶이 본래 타고난 성격 내지 기질과 너무 동떨어져 있었기 때문은 아닐까.

2년 전부터 나는 취미로 그림을 배우고 있다. 그림은 초등학교 시절 거의 유일하게 잘했던 과목이다. 어린 시절의 기억을 떠올리며 작은 유화 작품을 완성한 어느 날 밤, 잔뜩 먼지가 앉은 거울을 닦는 꿈을 꾸었다. 부지런히 거울을 닦고 있는데 갑자기 환하게 웃는 아이가 나타났다. 어디서 본 듯한 얼굴은 바로 어릴 적 '나'였다. 놀랍고 반가웠다. 이토록 오랫동안 나를 기다리고 있었다니! 나는 아무리 나이를 먹고 세상이 변해도 본래의 모습은 결코 사라지지 않는다는 것을 깨달았다. 앞으로 내가 살고자 하는 삶이란 바로 어릴 적 나로 돌아가는 것이라는 생각이 들었다. 그것은 과거로의 퇴행이 아니라 진정한 나를 찾아가는 과정이었다.

내 인생의 롤모델을 찾다

가뭄 끝 단비와 같은 만남
• • •

나로 돌아간다고 해서 곧바로 내가 누구인지, 그리고 무엇을 잘할 수 있는지는 알 수 없었다. 수십 년 동안 망각 속에 잠들어 있던 진짜 '나'는 어렴풋하게 과거의 모습만 보여 줄 뿐이었다. 어릴 적부터 자신의 재능을 발견하여 곧장 그 길로 나아가는 인생의 행운아들이 부러웠다. 소설가 마루야마 겐지가 『인생 따위 엿이나 먹어라』에서 "다 도전해 보라고 젊음이 있는 것이다"라고 쓴 글을 보고는 자책감이 들기도 했다. 오십이 다 되도록 뭘 잘할 수 있고, 뭘 하고 싶은지 모르는 내가 그저 한심하기만 했다.

그런 나에게 위로와 용기를 준 것은 책이 유일했다. 부끄럽게도 인문학 서적을 제대로 접하기 시작한 것도 이때부터였다. 다행히 나는 책을 편식하는 편이 아니었다. 오랜 허기라도 달래려는 듯, 지적 호기심을 채워 주고 사고의 폭을 넓혀 주는 책이라면 분야를 가리지 않고 읽었다. 그중에서도 특히 철학 분야 책을 좋아했다. 문학과 역사책도 마찬가지겠지만, 철학책을 읽으면서 세상과 삶을 바라보는 새로운 관점을 얻는 경험은 그 무엇과도 바꿀 수 없는 큰 즐거움이었다. 물론 전공과 가까운 경제나 경영 등 사회 과학 분야의 책도 읽기는 했지만 과거처럼 실무 관련 책은 거의 읽지 않았다. 나는 좁은 전공 공부보다 폭넓은 인생 공부가 좋았다. 그러나 손에서 책을 놓지 않는다고 하여 내 속의 갈증을 시원하게 해소할 수는 없었다. 책을 읽는 건 기껏해야 결핍 충족 또는 지적 욕구 해소라는 생각이 들기도 했다. 서가에 무심하게 꽂힌 책들처럼 독서 기록만 쌓여 갔을 뿐이었다. 물론 전혀 소득이 없었다고 말할 수는 없다. 다양한 분야의 책을 읽으면서 얻은 삶에 대한 유연한 태도가 은퇴의 충격을 담담하게 받아들이는 데 적잖은 힘을 주었다.

정년퇴직을 2~3년 정도 남겨 두고는 적극적으로 은퇴자들을 위한 교육 기관의 문을 두드렸다. 거기서 은퇴 후 새 삶의 방향을 설정하고 새로운 기회를 얻을 수 있지 않을까 생각해서였다. 그러나 결론적으로 큰 도움을 받지는 못했다. 내가 경험한 서너 곳의 기관들은 대개 유사한 내용의 일반적인 은퇴 준비 교육 프로그램을 제공했다. 주로 은퇴 후 노년의 삶에 중요하다는 네 가지 요소, 즉 경제, 건강, 관계, 그리고 일과 취미 등에 관한 기본 지식과 사례들을 소개했다. 교육 수료 후에는 보다 내실 있고 의미 있는 활동으로 이어지지 못했다. 나는 무엇보다 비슷한 생각을 공유하는 동년배들끼리 친목 내지 사교 위주의 활동을 하는 것이 마음에 들지 않았다. 나를 흥분 시키고 즐겁게 만드는 일은 도대체 무엇일까?

책과 여러 교육 기관들을 헤매고 다니던 중 가뭄 끝의 단비처럼 찰스 핸디와 만나게 되었다. 그가 쓴 『찰스 핸디의 포트폴리오 인생』을 읽고 막연하기만 했던 은퇴 후 삶의 방향을 명확하게 잡기 시작했다. 내 삶에 결정적인 영향을 미친 한 권의 책을 꼽으라면 나는 단연 이 책을 꼽을 것이다. 자칭 사회철학자라는 그는 회사원과 교수 등의 생활을 하다가 49세라는 이른 나이에 자유직업인이 되어 공부하고 집필과 강연을 하는 포트폴리오 인생을 살아가고 있다. 그는 직장인의 미래를 예측한 저서 『코끼리와 벼룩』을 통해 한국에도 꽤 알려진 세계적 경영 사상가이다. 나는 그가 삶의 방향을 돈을 벌기 위한 기법이나 모델이 아닌 가치와 지혜로 접근한 점이 마음에 들었다. 몇 해 전 타계한 변화경영연구소 대표인 구본형은 찰스 핸디를 자신의 역할 모델이라고 소개했다. 나 역시 그를 닮고 싶었다. 그의 전문 분야인 사회 철학도 공부하고 싶었고 지식 노동자로서 자유인의 삶을 살아가는 그의 인생 역정을 배우며 따르고 싶었다. 찰스 핸디와의 만남이라는 행운을 얻게 된 것은 오랫동안 책들 사이를 방황한 결과였다.

찰스 핸디는 은퇴를 "안전하게 보호받던 감옥에서 열린 세상으로" 나가는 일이라고 했다. 이 말이 가슴에 와 닿았다. 돌이켜 보면,

직장은 경제적으로 안정된 삶을 제공한 대신 30년도 넘게 내 시간의 전부를 요구했다. 그런데 은퇴를 하면 정반대의 현상이 벌어진다. 자유를 얻는 대신 경제적으로 경험해 보지 못한 어려움에 직면하게 된다. 둘 중 하나를 선택하라면 기를 쓰고 다시 직장으로 돌아가려 하는 은퇴자들이 훨씬 많을 것이다. 그러나 내 생각은 다르다. 비록 경제적으로 힘들더라도 뒤늦게 자유를 얻은 이상 그것을 마음껏 누리며 내가 원하는 삶을 살고 싶다. 사람들은 이런 나에게 배부른 소리를 한다고 말하지 모른다. 그러나 나는 "돈이 삶의 지상목표이자 중심이 되는 순간 '돈의 횡포'가 시작된다"는 찰스 핸디의 말에 전적으로 공감한다. '경제'를 무시할 순 없지만 남은 인생을 그런 낮은 단계의 욕구에만 매달리며 살다 죽고 싶지는 않다.

찰스 핸디는 자유를 얻은 이상 타인의 인정에 지나치게 의존하지 말고, 삶의 초점을 아리스토텔레스가 말하는 '에우다이모니아', 즉 행복에 재조준하라고 권유한다. 그가 해석한 아리스토텔레스의 행복이란 '상태'가 아니라 '행동'을 의미한다. 즉 행복은 자신이 좋아하는 것을 마음껏 누리며 사는 것이 아니라 '자신이 잘하는 것에 최선을 다하며 사는 것'이다. 그러면서 그는 "끊임없이 질문하고 올바른 방향을 모색하면 세상에 우리를 맞추는 것이 아니라 세상이 우리한테 맞춰 돌아가게 할 수 있다"고 했다. 나는 그의 조언대로 삶의 행복에 초점을 맞추었다. 그리고 행복을 실현시켜 주는 '내가 진정으로 잘하고 또 하고 싶은 것'이 무엇인지 곰곰이 생각했다.

인문학의 길을 선택하다

• • •

제2의 사춘기를 맞은 이후 은퇴를 하면 다른 일을 하며 살고 싶다는 생각이 좀처럼 수그러들지 않았다. 생각의 물꼬는 계속 이어졌다. 내 안에 다른 삶을 살고 싶다는 욕망이 아주 강렬했다. 도대체 다른 삶이란 무엇일까? 그러던 중 조너선 색스의 『차이의 존중』을 읽으면서 내가 진정으로 원하는 것이 무엇인지 영감이 떠올랐다. 일방적 진리를 강요하는 종교에 대하여 반감을 가졌던 나는 신앙으로서 종교를 믿지 않는다. 그런데 유대교 지도자인 저자가 쓴 이 책은 인간 삶의 보편성을 넘어 다양성을 강조하고 차이를 존중해야 한다고 말한다. 이 책을 읽던 중 "과학은 보편에 대한 추구이고 시는 특수에 대한 사랑이다"라는 글귀가 눈에 들어왔다. 당시 나는 시가 좋아 한참 시 공부에 빠져들고 있을 때였다. 그때 이 글이 자꾸 나에게 무언가 말을 건네는 기분이 들었다. 그동안 적잖은 책을 읽으면서 고민했던 생각들이 선명하게 정리되는 순간이었다.

나는 나의 갈 길을 다음과 같이 정리했다.

"인간과 사회를 지탱하는 힘에는 두 축이 있다. 그 하나는 보편을 추구하는 과학이고, 다른 하나는 사람과 세상을 사랑하는 예술이다. 전자는 전적으로 이성을 중시하는 반면, 후자는 감성을 더 중시한다. 보편을 추구하는 이성적 삶의 태도는 사회와 인류의 발전을 위해 반드시 필요하다. 그러나 그것은 불가피하게 사람들 간에 경쟁을 유발하고 위계를 만들며 다양한 삶의 방식들을 무시한다. 그런 태도가 지나치면 보편적 진리 추구가 가능하다는 환상에 빠져 인간과 세상을 통제하려 든다. 반면, 예술은 보편을 추구함으로써 묻혀 버리는 인간 개체의 삶에 보다 더 주목한다. 예술은 결코 보편을 추구하지 않으며 인간 본성에 충실한 삶을 존중한다. 인문학은 그 중간쯤에 위치할 것이다. 인문학은 이성과 감성을 동시에 존중하며 보편성과 개별성 사이의 균형을 추구한다. 나는 인생 전반기를 보편을 추구하는 과학적 삶을 살았으므로 후반기는 인문학에 다가선 삶을 살고자 한다. 이전보다는 좀 더 감성을 중시하고 개별성에 다가선 삶을 살고 싶다. 그런 삶이 나 자신을 치유하고 가족과 이웃들에게 더 많은 도움을 줄 것이라 믿는다. 물론 과학의 삶에서 성공하지 못한 것처럼 인문학을 추구하는 삶에서도 성공하지 못할 수도 있다. 그러나 그게 뭐가 그리 대수랴!"

태생적으로 나는 지적 호기심이 대단히 강한 편이다. 뭔가 새로운 것을 알아나가는 것만큼 나를 흥분시키고 즐겁게 만드는 일은 없는 것 같다. 그중에서도 특히 인간 삶의 보다 근본적인 문제에 대하여 알고 싶은 욕구가 매우 강하다. 그러나 여전히 내가 선택한 이 길에 스스로 재능이 있는지는 잘 모른다. 다만, 남은 인생은 인문학을 공부하면서 매일 조금씩 나 자신과 세상을 알아 가고 사람들과 소통하며 살아가고자 한다. 그런 삶이야말로 진정 내가 원하는 행복한 삶이다.

본래의 나를 찾는 시간

익숙한 것들과 결별하다
• • •

2014년 12월 31일, 나는 마침내 32년 직장 생활을 마감했다. 종무식 자리에서 다음과 같은 취지의 퇴임사를 했다.

"인생의 바퀴를 한 바퀴 다 돌았다. 내일이면 새 바퀴를 돌 것이다. 그 바퀴 역시 예전과 다를 바 없겠지만, 중간쯤 어디선가 멈추고 말 것이다. 그러나 한 번 돌아봤으므로 지난날처럼 돌지는 않을 것이다."

퇴직하기 열흘 전 나는 정들었던 연구실 방을 마지막으로 정리했다. 책들은 이미 집에 보냈으므로 책상 위와 서랍 속의 문구류들만 정리하면 되었다. 반쯤 쓰다 남은 포스트잇 등 아직 쓸 만한 것들은 집에 가져갈 박스에 담고, 나머지 것들은 쓰레기통에 버렸다. 그러자 책상 위엔 명함통만 남았다. 명함이 반쯤 남아 있었지만 잠시 망설이다가 과감하게 쓰레기통에 던져 넣었다. 그리고 다짐했다.

'이제부터 나에게 필요한 것은 익숙한 것과의 결별이다. 그러기 위해서는 몇십 년 잘 써먹은 '연구원'과 '박사'라는 호칭부터 던져버려야 한다!'

마침 둘째 아들이 군대에 가 비어 있던 방을 공부방으로 꾸몄다. 책을 다 정리하기에는 좁은 공간이었지만 다른 수가 없어 일부는 책장에 꽂고 나머지는 벽 쪽에 쌓아 올렸다. 책상 위에 은퇴 기념으로 마련한 최신 노트북을 올려놓고 맞은편 벽에는 그동안 그려 온 유화 몇 점을 걸어 놓았다. 볼품은 없지만 그런대로 만족스러웠다. 좁고 초라하지만 나만의 공간에서 마치 학창 시절처럼 새 출발하는 기분이 그리 나쁘지만은 않았다.

나는 은퇴를 맞이하는 시점에 중간 정산을 하고 싶었다. 때마침 회갑이라는 나이를 맞게 되었으니 더더욱 지난날들을 매듭지을 필요가 있었다. 지난 60년 인생의 바퀴를 돌아보았다. 압축적 고도성장기의 틈바구니 속, 대열에서 이탈하지 않고 나름대로 최선을 다하며 살아왔다. 그렇게 나 스스로를 위안하고 나니 만족스럽기도 했다. 그렇다면 이대로 인생을 마무리해도 되지 않을까? 반세기 전만 해도 내 삶이 이쯤에서 멈춘다 한들 아무도 이상하게 생각하지 않았을 것이다. 나의 임무는 끝났고 이제부터는 그냥 여생을 편안하게 즐기다 가면 그만이다. 그런데 왜 이리 허무할까? 인생의 바퀴를 한 바퀴 다 돌았는데 나는 내 삶이 무슨 의미를 갖는지 제대로 알지 못했다. 이제 태어난 시점의 '나'란 존재로 돌아갈 준비를 해야 할 시기가 되었다. 죽음에 임박해서 삶을 깨닫기 전에 천천히 그리고 또 박또박 '나'를 느끼며 알아가고 싶었다. 지금부터 주어진 시간은 바로 그것을 위한 기회이다. 이보다 더 큰 행운이 어디에 있을까!

자유를 누리는 백수 생활

• • •

직장을 떠난 지 넉 달이 지나자 세상에는 봄기운이 완연했다. 두 달 전까지는 퇴직금에다 연말 정산 환불금 등이 간간이 통장으로 들어왔다. 그리고 회사 전산망에는 여전히 내 이름이 남아 있었고 접속도 가능했다. 그러나 그것도 모두 끝났다. 공식적인 네트워크도 돈도 다 끊겼다. 문득 제도권에서 벗어났다는 생각이 들었다. 나와 세상을 묶어 주는 안전망이 사라진 것 같았다. 어디에도 소속되어 있지 않은 나는 황량한 들판 한가운데 찬바람을 맞으며 서 있는 듯했다. 내가 누군지 물었을 때 설명할 뾰족한 방법이 없었다. 게다가 내가 누구라고 소개할 명함이 없다는 게 더 서글프게 느껴졌다.

그런데 제도권을 벗어난다는 게 반드시 나쁜 의미이기만 한 걸까? 찰스 핸디가 말한 것처럼 제도권은 안전한 곳이기는 하지만 일종의 감옥 같은 곳이다. 32년 동안 나는 성취감이나 기쁨 못지않게 스트레스를 많이 받았다. 제도란 규율을 통하여 소속원들을 인정해 주는 시스템이 아닌가. 그래서 제도권 내에서는 불가피하게 통제와 서열에 익숙해지지 않으면 안 된다. 그게 체질에 맞지 않았음에도 용케 잘 버텨 준 나에게 박수라도 쳐 주고 싶다.

아침 일찍 눈을 떠도 서두를 필요가 없었다. 그대로 한 숨 푹 잠을 더 잘 수도 있었다. 그러나 나는 안다. 열린 세상은 자유를 주지만 그것을 채우는 것은 온전히 개인의 몫이다. 자유는 방종이 아닌 내 삶을 살기 위하여 주어진 고귀한 시간이자 책임이다. 그래서 혹독한 대가를 치르고 고통의 문턱을 넘어선 다음에야 누릴 수 있는 것인지도 모른다. 자유를 누리기란 쉽지 않다. 하지만 제도권을 벗어난 나는 지금 자유를 얻은 기쁨을 마음껏 누리며 산다. 외부 공부 프로그램들에 참여하며 매일 책을 읽고 글을 쓴다. 일주일에 한 번은 그림 공부를 하러 외출하고 주기적으로 철학 강좌 등 마음에 드는 외부 강의를 듣는다. 아내와 동네 뒷산을 걷고 간혹 친구도 만난다. 하루가 어떻게 지나가는지 모를 지경이다. 내가 원하는 것들을 마음껏 할 수 있어 기분이 좋다. 언젠가 나의 이런 노력들이 결실을 맺어 몇 푼의 용돈이라도 손에 쥐어 줄 것이라는 상상도 해 본다. 이런 기분을 죽는 날까지 유지하며 살고 싶다. 그러고 보니 나는 이제 완전한 백수다. 자유를 마음껏 누리는 백수.

아니 '자유를 마음껏 누리는 백수'라니! 이런 생활을 과연 얼마나 오래 누릴 수 있을까? 생각해 보니 걸림돌이 한둘이 아니다. 현실적으로 백수의 자유를 제약하는 건 크게 두 가지일 것이다.

첫째는 돈이다. 돈과 자유는 묘한 관계다. 더 많은 돈을 벌려면 그만큼 자유를 잃게 되지만 돈이 없어도 자유를 누릴 수 없다. 나는 돈을 버는 것보다 자유 시간을 더 선호한다. 따라서 나에겐 자유를 제약하지 않을 정도의 돈만 있으면 된다. 여러 전문 기관에서 최소 생활비를 제시하고 있지만 그것은 사람마다 가정마다 각각 다를 것이다. 솔직히 말해서 나는 나와 우리 가족의 삶에 얼마의 돈이 필요한지 잘 모른다. 다만 최선을 다하여 내 삶의 기준을 간소화해 나갈 생각이다.

둘째는 가족이다. 은퇴를 한 백수에게 가장 두려운 건 두말할 것 없이 가족이다. 오죽했으면 웃지 못할 '삼식이(백수로 집에 칩거하면서 세 끼를 꼬박꼬박 찾아 먹는 사람) 시리즈'까지 유행하는 세상이 되었을까. 베이비부머 은퇴자들에게 가족이 공포의 대상이라는 건 많은 것을 시사한다. 한마디로 그동안 잘못 살아왔다는 증표이다. 경제력을 상실한 은퇴자가 마지막으로 기댈 곳은 가족뿐이다. 그런데 안타깝게도 많은 은퇴 가장들은 가족의 품으로 돌아갈 준비가 되어 있지 않다. 권위적인 모습으로 살아온 그들은 이미 오래전부터 가족 안에서는 부적응자일지도 모른다. 나 역시 그런 두려움이 없지 않다. 백수, 그것도 삼식이 생활을 하는 백수가 가족들과의 관계에서 자유를 누리기란 결코 쉬운 일이 아니다. 하지만 나는 은퇴 전 준비 기간을 포함해서 대략 6개월 정도의 실험 기간을 거쳤다. 평가를 하자면 그 결과는 대체로 만족스러웠다. 가끔 밤늦게 공부하는 내게 아내가 차를 갖다 주고 어깨를 주물러 줄 때면 내가 '사랑받는 삼식이'일지도 모른다는 착각이 들기도 한다. 회사에 출근하는 큰아들이 휴일 날 슬그머니 내 방에 들어와 이 책 저 책 꺼내 읽을 때는 나도 모르게 미소가 지어진다.

재일 한국인 학자 강상중은 저서 『살아야 하는 이유』에서 다시 살아가려면 '거듭나기'가 중요하다고 강조한다. 그에 의하면 세상에는 '한 번 태어나는 형'과 '거듭나는 형' 두 부류의 사람이 있다. 전자는 자기 삶에 문제가 있어도 죽을 때까지 그대로 나아가는 사람인 반면, 후자는 문제에 부딪혀 새로운 삶의 가치를 깨닫고 변신하는 사람이다. 아마 인생 중반기에 제2의 사춘기가 찾아온다는 건 자기 삶을 되돌아보고 문제가 있다면 거듭나라는 뜻일 것이다.

몇 해 전 고대 그리스 철학자 탈레스의 이야기를 읽은 적이 있다. 탈레스는 이 세상에서 가장 어려운 것이 무엇이냐는 질문을 받자 "자기 자신을 아는 것"이라고 답했다. 가장 쉬운 것이 무엇이냐는 질문에는 "남에게 충고하는 것"이라고 답했다. 그리고 어떻게 해야 완전한 덕을 갖춰 살 수 있는가라는 질문에는 "타인이 행하면 잘못됐다고 비난할 만한 일을 스스로 저지르지 말라"고 대답했다. 세상에서 가장 쉬운 것이 '남에게 충고하는 것'이라는 그의 말에 나는 몹시 부끄러웠다. 지난 세월 나는 얼마나 남들, 특히 아내와 자식들에게 어리석은 충고와 질책을 해 댔던가. 정작 나 자신에 대해서는 알려고 하지 않으면서 세상에서 가장 쉬운 일들만 하고 살았던 것이다. 내가 공부하는 이유는 단순히 지식을 탐하기 위해서가 아니라 거듭 태어나기 위해서이다. 은퇴를 맞이하는 내게 가장 우선적으로 필요한 공부는 가족들에게 돌아갈 준비의 공부이다. 그 공부는 앞으로도 계속될 것이다.

은퇴를 전후한 나의 변신기

● **방황기**(5~7년)

나의 방황기는 50대 초반에 찾아와 5년 이상 이어졌다. 그 시절 나의 가장 큰 변화는 '책 읽기'였다. 나는 이전까지는 거의 읽지 않던 책을 닥치는 대로 읽기 시작했다. 주로 자기계발서와 종교 및 심리학 서적들이었다. 나를 변화시키고 싶었기 때문이다. 그러나 결과적으로 아무것도 얻지 못하고 꽤 오랜 기간 책과 함께 방황했다. 그러던 중 인문학 분야로 옮겨 갔다. 50대 중반쯤에는 한동안 시 공부에 빠져들기도 했는데 정년퇴직이 다가올수록 초조함은 커져만 갔다.

● **모색기**(2~3년)

50대 중반을 넘기면서 드디어 바깥의 문을 두드리기 시작했다. 외부 기관에서 개최하는 강좌 프로그램 중 마음에 드는 문학 강좌와 철학 분야의 유료 강의를 주로 들었다. 그리고 용기를 내어 미술학원의 문을 두드려 그림 공부를 시작했다. 그림 공부는 벌써 2년 6개월째에 접어들고 있다. 5년 뒤에는 개인전을 열겠다는 꿈을 갖고 있다.

은퇴를 2~3년 정도 남겨 두고부터는 본격적으로 은퇴 준비를 위한 교육 기관을 찾아나섰다. 은퇴 준비를 위한 정신 무장에는 도움이 되었으나 여전히 구체적으로 무엇을 할지는 감이 잡히지 않았다. 은퇴가 1년 앞으로 다가왔을 때는 철학아카데미 유료회원으로 가입하여 철학 공부를 꾸준히 하였다.

● **활동기**(정년퇴직 이후)

결정적인 변화는 정년퇴직 4개월여를 남겨 두고 찾아왔다. 우연히 듣게 된 한겨레교육문화센터의 '서평쓰기 입문과정'이 나를 바꾼 계기가 되었다. 이때부터 책과 함께하는 생활이 본격적으로 시작되었다. 책을 그냥 읽고 마는 것이 아니라 서평을 쓰고 논제를 뽑고 다양한 연령, 분야의 사람들과 토론하는 즐거움에 빠져들었다. 게다가 무엇보다 나의 적성에 맞았다.

글쓰기도 시작했다. 공저이기는 하지만 이 책을 포함해 벌써 세 권째 책을 쓰고 있다. 독서와 글쓰기를 통해 사회 활동을 할 수 있다는 것도 알게 되었고 이제는 강사라는 직업으로 인생 후반기를 살아갈 수 있게 되었다.

● 은퇴를 앞둔 분들에게

✓ 은퇴 준비 빠를수록 좋다
최소한 3년은 확보하라.

✓ 고민을 피하지 마라
일정 기간의 방황은 불가피하다. 방황 없이는 길을 찾을 수 없다.

✓ 자기 자신을 돌아보라
어릴 적 자신을 돌아보라. 그 속에 답이 숨겨져 있을 가능성이 높다.

✓ 용기를 내어 문을 두드려라
관심 있는 곳의 문을 두드려라. 적성에 맞는 분야를 찾게 될 것이다.

✓ 중도에 포기하지 마라
아무리 좋아하는 것도 하다 보면 지치고 자신감을 잃는 때가 온다. 오래 공을 들여야 온전한 자기 것을 만들 수 있다.

✓ 권위 의식을 버려라
'내가 누군데' 하는 생각이 변신을 방해한다. 권위 의식을 버리면 두려움이 사라진다.

✓ 책을 읽고 글을 쓰라
하루 한 시간만이라도 꾸준히 책을 읽어라. 그리고 일기든 무엇이든 꾸준히 글을 쓰라. 자기를 발견하고 자기가 원하는 것을 아는 데 큰 도움이 될 것이다.

열린 독서로 나아가다

골방독서에서 광장독서로

• • •

나는 많은 사람들이 모여서 시끌벅적하게 사교를 즐기는 모임에 가면 왠지 긴장되고 그 자리를 빨리 벗어나고 싶어진다. 집에 돌아오면 그제야 마음이 편안해진다. 은퇴 무렵 그림 공부를 시작한 것도, 책을 좋아하게 된 것도 다 그런 성격 탓이다. 한마디로 나는 골방독서, 즉 혼자 책을 읽고 사색하기를 즐겼다. 그러다가 책을 통해 어떤 깨달음 같은 것을 얻는 날에는 마치 새로 태어난 기분을 느끼기도 했다. 그런데 대개는 아무리 책을 읽어도 깨달음은커녕 남는 게 별로 없었다. 성취감을 느끼는 경우는 기대만큼 많지 않았다.

『허삼관 매혈기』를 쓴 현대 중국 소설가 위화는 "모든 작품은 누군가 읽기 전까지는 단지 하나의 작품일 뿐이지만, 천 명이 읽으면 천 개의 작품이 된다"고 말했다. 결국 책의 주인은 독자라는 말이다.

어떻게 하면 책의 주인이 될 수 있을까? 내가 만난 책들 중 자신 있게 나의 작품이 되었다고 말할 수 있는 책은 부끄럽게도 손에 꼽을 정도이다. 그래서 벽면을 가득 채운 책들을 보면 자부심 같은 것을 느끼다가도 이내 자괴감에 빠져들곤 했다.

그런데 뜻이 있으면 길이 있다고 했던가. 퇴직을 몇 달 남겨 둔 2014년 가을, 우연히 한겨레교육문화센터의 '서평쓰기 입문과정'에 등록했다. 은퇴 후 독서와 글쓰기 생활을 지속하려면 체계적인 훈련을 받는 것이 좋겠다는 생각에서였다. 큰 기대를 품었던 것은 아니었다. 그러나 그 우연한 도전이 나를 새로운 세계로 안내하는 출발점이 되었다.

이후 나의 독서는 다른 세계로 접어들었다. 총 8회에 걸친 '서평쓰기 입문과정'은 말 그대로 서평 쓰는 법을 가르쳐 주었지만 나에겐 책을 제대로 읽는 법을 터득하는 기회가 되었다. 강사는 서평을 잘 쓰려면 책을 최소한 두 번 읽어야 한다고 말했다. 주로 다독을 해 왔던 내 가슴에 콕 박히는 말이었다. 겉치레 만족감을 위해 책을 읽어 왔다는 느낌을 떨칠 수가 없었다.

2년 전에 읽었던 박웅현의 『책은 도끼다』를 다시 읽고 서평을 써 보았다. 다독하기보다는 한 권의 책을 "한 문장 한 문장 꼭꼭 눌러서 읽어라"는 저자의 권유가 절실히 와 닿았다. 책의 내용을 깊이 생각하며, 그리고 문장을 꼼꼼히 음미하며 읽으라는 주문이었다. 평소 생각하기를 즐긴다고 자부했지만 내실은 그렇지 못했던 나 자신을 반성하지 않을 수 없었다. 서평을 쓰겠다고 마음먹고 읽는 책들은 결코 대충 읽을 수 없었다. 불과 네댓 번의 연습이었지만 A4 한 장이 조금 넘는 서평을 쓴 책은 과거와는 전혀 다른 느낌으로 다가왔다. 책이 완전히 내 것이 된 기분이 들었다.

숭례문학당 사람들이 공저한 『이젠, 함께 읽기다』는 여기서 한발 더 토론의 장으로 나갈 것을 권유한다. 읽고, 사유하고, 토론하기의 삼박자를 갖추어야 제대로 된 책 읽기를 할 수 있다고 강조한다. 나는 골방독서가에서 광장독서가로 나갈 필요가 있었다. 그때 또 다시 행운이 찾아왔다. '서평쓰기 입문과정'을 마칠 즈음 '서평독토'에 참여할 것을 권유받았다. '서평독토'는 한 달에 한 번 회원들이 정해진 책을 읽고 쓴 서평을 놓고 토론하는 모임이다. 새로운 책 읽기에 한창 재미를 붙여 나가던 나는 곧바로 참여 신청을 했다.

2014년 11월 처음 얼굴을 내민 모임에는 30명이 조금 넘는 회원이 참여했다. 저녁 시간 퇴근하자마자 헐레벌떡 달려온 20~30대의 젊은이들이 많았다. 그중에서도 특히 여성들이 눈에 많이 띄었다. 바쁜 직장 생활에도 불구하고 독서토론 모임에 참여하는 열성적인 청장년들이 대견스러웠다. 솔직히 이런 모임에 내가 참여할 수 있으리라곤 꿈에도 생각해 보지 않았다. 나는 그날 참여한 사람들 중에서 나이가 가장 많았다.

첫 모임 이후 지금까지 서평을 쓰고 토론한 책은 다음과 같다.

| 은퇴자의 공부법 |

프리모 레비의 『이것이 인간인가』

말랄라 유사프자이의 『나는 말랄라』

헨리 데이비드 소로의 『월든』

윌리엄 서머셋 모옴의 『달과 6펜스』

김찬호의 『모멸감』

엄기호의 『단속사회』

안도현의 『연어』와 『연어 이야기』

보리스 파스테르나크의 『닥터 지바고』

루이자 메이 알코트의 『작은 아씨들』

이언 매큐언의 『속죄』

고전 문학에서부터 최근의 인문 사회 분야까지 골방독서에 머물렀다면 쉽게 읽고 토론할 기회를 가질 수 없는 책들이다.

토론에 참가한 사람들은 같은 책을 읽었는데도 저마다 생각이 달랐다. 강하게 인상 받았던 부분이나 발췌 글도 같은 경우가 드물었다. 매번 토론할 때마다 미처 생각해 보지 못했던 다양한 의견들에 충격을 받았고 때론 공감하기도 했다. 책의 내용과 주장에 대한 찬반 의견이 나뉘어도 서로 경청하고 칭찬하는 분위기가 특히 마음에 들었다. '서평독토'는 나에게 책을 매개로 한 새로운 배움의 장소였다. 나이 든 사람에게 가장 무서운 적은 육체의 쇠약과 더불어 정신의 고정 관념이라 하지 않았던가. 나는 다른 연령대와 성, 그리고 다른 생각을 가진 사람들과 자유롭게 토론하면서 점점 생각이 유연해지고 젊어지는 기분을 느꼈다. 은퇴 후 함께할 독서공동체가 생겼다는 게 무엇보다 큰 기쁨이었다.

독서토론 리더에 도전하다

• • •

직장을 완전히 떠나 약간의 허전함이 밀려올 즈음 나는 또 다른 과정에 도전했다. 2015년 2월, 그러니까 은퇴 후 한 달 정도가 지날 무렵 '독서토론 리더과정'에 등록했다. 토론 참여자를 넘어 진행자 역할에 도전한 것이다. 독서토론의 3요소는 진행자, 논제 그리고 토론자이다. 진행자는 토론자들이 흥미를 갖고 적극적으로 토론에 참여하도록 리드하는 역할을 한다. 솔직히 나는 진행자가 되려는 욕심보다는 책을 더 잘 읽으려는 욕심에서 이 과정에 도전했다.

진행을 잘하려면 말하기 등 토론을 리드하는 능력이 뛰어나야 하지만 그에 못지않게 논제를 잘 뽑아야 한다. 좋은 논제 뽑기는 서평 쓰기와 마찬가지로 책을 잘 읽어야만 가능하다. 책의 핵심 내용과 주장을 정확히 파악해야 하고, 토론자들이 흥미를 가지고 토론할 만한 세세한 부분들도 놓치지 않아야 한다. 물론 논제 뽑기는 토론을 전제로 하므로 토론자들의 연령대 등 집단 특성을 고려하는 세심함도 갖추어야 한다.

수강생들을 대상으로 진행한 몇 번의 진행자 역할은 쉽지 않았다. 2개월에 걸쳐 진행된 독서토론 리더과정은 모두 10명이 최종 이수했다. 중년의 열혈 여성 독서가가 8명이었고, 남자는 나를 포함해 2명뿐이었다. 나는 그중 가장 나이가 많았다. 어디를 가든 이런 독서 모임에서 나는 늘 소수자였다.

과정이 끝나고도 우리는 자발적으로 한 달에 한 번 책을 선정해서 읽고, 만나서 논제 뽑기 연습을 하고 있다. 안소영의 『책만 보는 바보』와 제롬 데이비드 샐린저의 『호밀밭의 파수꾼』, 트리나 플러스의 『꽃들에게 희망을』, 정수복의 『책에 던지는 일곱 가지 질문』, 박민규의 『삼미 슈퍼스타즈의 마지막 팬클럽』 등을 읽고 논제 토론을 했다. '서평독토'와 더불어 또 하나의 열정적인 독서토론 모임이라는 자산을 갖게 되었다.

은퇴를 전후하여 8개월간에 걸친 세 차례의 경험은 나를 '열린 독서'의 세계로 안내했다. 오랫동안 책과 함께한 노력과 열망이 나를 한 단계 높은 곳으로 올려놓은 것이다. 그 과정에서 훌륭한 멘토와 동반자들을 만난 건 말로 다할 수 없는 행운이라 생각한다. 다른 모임에는 마지못해 참여하면서 독서토론 모임에는 이토록 열정을 보이는 내가 이상하게 느껴지기도 했다. 그것은 아마 내가 진정으로 좋아하고 즐기는 일에서 동지를 만났기 때문일 것이다. 그들과 함께 책을 읽고 토론하면서 지적, 정신적으로 성장해 나가는 것이 무엇보다 즐겁다. 물론 아직도 진정한 독서가가 되기에는 많이 부족하고 갈 길이 멀다. 하지만 인생 2막을 책과 함께 '공부하며 성장해 가는 즐거움'으로 살아갈 예행연습은 어느 정도 한 것 같다.

열린 독서는 다름 아닌 '함께 읽기'다. 함께 읽기는 혼자 읽기에 비하여 여러 면에서 장점이 있다.

첫째, 읽을 가치가 있는 좋은 책들을 많이 소개받을 수 있다.
둘째, 혼자서는 읽기 힘든 책을 완독하도록 도와준다.
셋째, 토론을 통하여 책에 대한 다양한 관점을 얻을 수 있다.

나는 함께 읽기를 통하여 책을 좋아하는 사람들과 정신적, 지적 교감을 느낄 수 있었다. 또한 그들과 삶의 숨결이 느껴지는 이야기를 나눌 수 있어 좋았다. 거기서는 연령, 성, 직업 등 어떤 신분의 차이도 없다. 오로지 책 읽기를 좋아하고 함께하려는 열린 마음만 있으면 된다. 모두가 평등하고 서로를 존중한다. 『잘라라, 기도하는 그 손을』의 저자 사사키 이타루는 이해하기 힘든 책을 몇 번이고 읽는 것이 진정한 독서라고 했다. 나는 함께 읽기를 통해 진정한 독서가로 나아가고 있다.

최근 나는 보다 수준 높은 책을 읽고 토론하는 '논제독토'와 박경리의 『토지』(20권) 읽기', 그리고 건축 분야의 책을 읽고 토론하는 '건축공감' 모임에 새롭게 참여하고 있다. 혼자 힘으로는 극복하기 어려운 고전과 다양한 분야의 책들을 동료들과 함께 읽으며 공부하는 즐거움을 오래도록 누리고 싶다. 그리고 더 나아가 독서토론 리더로서도 왕성하게 활동하고 싶다. 9월에는 내 인생 처음으로 구로구의 한 도서관에서 김영하의 소설 『검은 꽃』으로 독서토론 사회를 맡을 예정이다.

독서토론을 위한
논제 뽑기 연습

● 『투명인간』 자유 논제와 찬반·선택 논제

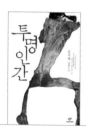

성석제 지음 | 창비

주인공 김만수는 볼품없는 외모에 매사에 이해가 더디지만 마냥 착하고 순박하기만 한 인물이다. 크고 작은 고난과 비극을 겪으면서도 누구보다 열심히, 착하게 살아온 김만수의 이야기를 통해 굴곡의 역사 가운데 던져진 한 개인의 운명을 감동적으로 그린 작품이다.

✓ 자유 논제

　『투명인간』의 주인공 만수는 삼남삼녀의 형제자매들 중 가장 머리가 나쁘고 공부를 못했지만 타고난 성실성과 희생정신으로 가족들의 삶을 끝까지 책임지는 역할을 합니다. 만수라는 사람과 그의 삶에 대하여 여러분이 느낀 점을 자유롭게 말씀해 주세요.

✓ 찬반·선택 논제

소설 속 만수의 할아버지와 아버지는 대조적인 인물로 묘사되고 있습니다. 할아버지는 공부를 많이 한 올곧은 지식인이지만 만석꾼 집안의 재산을 다 잃게 만든 장본인입니다. 반면, 아버지는 가족을 먹여 살리기 위해 거친 농사일에 몸을 아끼지 않지만 공부와는 담을 쌓은 무식한 사람입니다. 여러분은 두 사람 중 누구의 삶에 더 공감하십니까?

● 『허삼관 매혈기』 자유 논제와 찬반·선택 논제

위화 지음 | 푸른숲

한평생 피를 팔아 가족을 위기에서 구해낸 속 깊은 아버지 허삼관을 주인공으로 한 소설로, 삶의 고단함과 슬픔을 능청스럽게 껴안는 익살과 해학 그리고 그 뒤에 자리한 인간에 대한 속 깊은 애정을 만날 수 있다.

✓ 자유 논제

작가 위화는 1997년에 쓴 『허삼관 매혈기』의 한국어판 서문에서 이 소설을 평등에 관한 이야기라고 소개합니다. 그리고 2007년 한국어판 개정 서문에서는 완성된 작품은 온전히 독자들의 것이라며 자신도 자기 작품을 읽을 때마다 다른 느낌을 받는다고 말합니다. 여러분은 『허삼관 매혈기』를 무엇에 관한 이야기로 느끼셨나요?

✓ 찬반·선택 논제

문화대혁명기에 허옥란은 몸을 판 여자라는 이유로 머리를 반쯤 깎인 채 공개비판대에 섭니다. 어느 날 허삼관은 집에서 아이들과 함께 허옥란 비판투쟁대회를 여는데, 그는 여기서 자신도 임분방과 몹쓸 짓을 했다고 고백합니다. 여러분은 허삼관이 아이들 앞에서 이런 고백까지 할 필요가 있다고 생각하십니까?

● 『삶을 위한 철학수업』 자유 논제와 찬반·선택 논제

이진경 지음 | 문학동네

'거리의 철학자' 이진경이 온라인에서 회원들과 교류하며 교감한 일상의 철학 이야기를 묶은 것이다. 인문학 온라인 연재라는 점에서 많은 독서 대중의 뜨거운 호응을 얻은바 있는 이 책은 인생을 잘 사는 방법을 '근원'에서부터 다시 성찰하게 한다.

✓ 자유 논제

저자는 친구와 적의 경계를 횡단하는 우정의 가능성에 대하여 말하고 있습니다. 그러면서 적의 입장에 서고 그에 쉽게 공감하며 그와 함께 행동하는 것을 통해 '공동성'이 형성된다면 적도 친구로 만들 수 있다고 말합니다. 여러분은 친구와 변하지 않는 우정을 유지하기 위해서는 어떤 노력이 필요하다고 생각하십니까?

✓ 찬반 · 선택 논제

저자는 도덕은 선과 악을 판단하는 기준인 반면, 윤리는 좋음과 나쁨을 판단하는 기준이라고 말합니다. 그래서 도덕은 어떤 조건에서도 지켜야 할 규칙인 반면, 윤리는 그때그때의 조건에 따라 변경될 수 있고 폐기되거나 새로 만들어질 수 있다고 말합니다. 도덕은 초월적인 반면, 윤리는 내재적이라고 말합니다. 여러분은 삶을 살아가는 데 도덕과 윤리 중 어느 것이 더 중요하다고 생각하십니까?

● 좋은 논제를 뽑기 위한 체크 리스트

✓ 독해력과 분석력

책의 내용에 대한 이해도가 높아야 한다.

✓ 토론 유도력

토론자들이 쉽게 발언에 뛰어들도록 해야 한다.

✓ 창의성

흥미를 느끼며 토론할 수 있도록 해야 한다.

✓ 확장성

생각과 관점을 다양하게 펼칠 수 있도록 해야 한다.

✓ 문장력과 표현력

논제가 지향하는 바를 명쾌하게 알려 주어야 한다.

글쓰기에 도전하다

곰이 사람이 되듯 100일 글쓰기 도전

• • •

책 읽기를 좋아한다고 저절로 글이 잘 써지는 것은 아니다. 자의식이 강한 나는 나를 드러내는 글쓰기에 더더욱 자신이 없었다. 그렇다고 글쓰기 자체를 싫어한 것은 아니었다. 글쓰기를 통하여 사람들과 소통하고 존재감을 느끼고도 싶었다. 직업이 연구원이었기 때문에 보고서 형식의 글은 제법 많이 써 보았다. 그러나 내가 쓰고 싶은 글은 그런 형식적인 틀을 갖춘 전문 분야의 글이 아니었다. 나는 인문학적 사고를 담은 대중과 소통하는 글을 쓰고 싶었다. 그나마 직장 생활 말년에 관련 분야의 전문지에 기고한 칼럼이 내가 원하는 글쓰기에 비교적 가까웠다. 어쩌면 그런 글쓰기 경험이 지금의 욕망을 자극했는지도 모르겠다. 그 시절 나는 책을 쓰고 싶다는 욕망에 이끌려 『내 인생의 첫 책쓰기』 등 시중에 나온 여러 관련 분야 책들을 섭렵하기도 했다. 나만의 책 쓰기는 은퇴 후 내 삶의 버킷리스트 중 가장 우선순위가 높았다. 나는 인생 2막을 작가와 강연가로 활동하며 살고 싶었다.

은퇴하자마자 나는 '열린 글쓰기' 세계로 나아갔다. 그 출발점은 100일 글쓰기였다. 2015년 1월 중순경 숭례문학당 홈페이지에 '100일 글쓰기 곰 – 사람 프로그램' 참여자를 모집한다는 공고가 떴다. 곰이 사람으로 변신하는 것처럼 100일 동안 매일 쉬지 않고 글을 써서 초보 작가라도 되어 보자는 취지로 만든 프로그램이었다. 과연 실천할 수 있을까, 망설였으나 용기를 내어 도전했다. 하루도 빠지지 않고 한 편의 글을 써서 온라인 카페에 올려야 했다. 1월 25일에 시작한 100일 글쓰기는 정확히 5월 4일에 끝났다. 13명의 도전자들은 단 한 사람의 탈락자도 없이 전원 약속을 이행했다. 서로 격려하며 용기를 북돋운 '함께 쓰기'가 아니었다면 불가능한 일이었다. 여기에서도 남자는 나를 포함해 단 두 명뿐이었고, 나는 최고령자였다. 매일 최소 2~3시간을 소요하는 글쓰기는 고역에 가까웠다. 글감을 찾지 못해 헤매기도 했고, 형편없는 문장력에 실망도 많이 했다. 그런 가운데 한 편씩 완성된 글은 성취감이라는 선물을 안겨 주었다. 다양한 유형과 분량의 글쓰기를 시도하며 마음속에 응어리진 생각을 글로 담아냈을 때는 글쓰기가 치유의 기능을 갖는다는 것을 실감하기도 했다.

참여자들은 100일 글쓰기를 마라톤에 비유했다. 출발선상에서의 막막함과 반환점을 돌 때의 반신반의, 그리고 30킬로미터 지점을 넘어서면서 몰려오는 피로감을 모두 극복하고 우리들은 마침내 42.195킬로미터를 완주했다. 일본의 세계적 소설가 무라카미 하루키는 『달리기를 말할 때 내가 하고 싶은 이야기』에서 글쓰기는 마라톤과 비슷해서 남과 비교하지 말고 자신의 페이스를 유지해 나가는 것이 중요하다고 말했다. 그는 또 소설가에게 요구되는 자질은 재능, 집중력, 그리고 지속력 세 가지라고 말했다. 나는 다른 글쓰기에도 이 세 가지 자질이 필요하다고 생각한다. 하루키에 따르면 재능은 타고난다. 그러나 다행히 집중력과 지속력은 후천적으로 획득할 수 있는 자질이다. 재능이 부족한 사람도 집중력과 지속력만 기르면 상당한 수준의 글을 써 내는 작가가 될 수 있다. 집중력과 지속력 향상은 근력 훈련과 비슷하다. 글쓰기 연습이 나에게 자신감과 근력을 키워 줄 것이라 생각하며 나는 쉬지 않고 글을 썼다.

내 이름이 실린 첫 책이 출간되다

● ● ●

내가 글을 쓰는 궁극적 목적은 책 쓰기이다. 은퇴 후 2년 정도 부지런히 책을 읽고 글쓰기를 시도한 후 책 쓰기에 도전할 계획이었다. 그런데 운이 좋게도 나는 은퇴 후 5개월여 만에 공저 책의 저자가 되었다. 『책으로 다시 살다』의 25인 공저자에 이름을 올리게 된 것이다. 연초에 한참 독서토론에 열을 올리던 중 원고지 30매 분량의 글을 써 보라는 제안을 받았다. 〈기획회의〉라는 격주간 잡지에 '책이 바꾼 삶'이라는 타이틀로 연재 글을 싣는데 은퇴자인 나에게도 기회를 준 것이다. 연재된 글을 모아 책으로 펴낼 계획이라고도 했다. 나는 거의 마지막 단계에 필진으로 참여하는 행운을 잡았다. 내 글은 '인생 2막, 책에서 길을 찾다'라는 제목으로 실렸다. 진정한 공부를 외면했던 지난날을 되돌아보며 은퇴 후에는 책과 더불어 '공부하며 성장하는 삶'을 살겠다는 의지를 피력한 글이었다. 공저 책이기는 하지만 『책으로 다시 살다』는 나의 제1호 책이다.

행운은 연이어 찾아왔다. 첫 번째 책의 원고를 발송하자마자 '서평독토' 카톡방에 공저자를 모집한다는 공고가 떴다. 100일 글쓰기를 막 시작할 무렵이었다. 이번에는 스스로 참여 신청을 해야 했다. 이런 기회들을 잘 활용하면 나만의 책 쓰기 목표를 조기에 실현시킬 수 있겠다는 생각이 들었다. 책의 주제는 '죽음, 애도'였다. 세월호 참사 이후 우리 사회에 죽음이란 화두가 크게 부상한 것이 기획 배경이었다. 나는 2014년 늦가을 세상을 떠난 아버지에 대한 그리움과 마지막 이별 과정에서의 아쉬움을 글로 표현하고 싶었다. 첫 오프라인 모임에 참석한 40여 명의 공저 참여 신청자들은 성별, 나이, 직업 등이 다양했고, 지방에서 올라온 사람들도 있었다. 출판사 대표이신 한기호 선생은 이제는 전문 작가가 아닌 보통 사람들의 글이 더 환영받는 시대가 되었다며 용기를 북돋워 주었다. 글을 잘 쓰려

하지 말고 오로지 자신의 진정성을 담으라는 주문도 받았다. 원고지 30매 내외 분량의 글은 편집자와 수차례 피드백 과정을 거치면서 점점 안정된 글로 바뀌어 갔다. 최종적으로『당신은 가고 나는 여기』라는 제목의 책에 나는 '아버지의 부모 역할을 하지 못한 후회'라는 글을 실었다. "삶의 마지막 단계에 다다른 부모에게 성숙한 자식은 기꺼이 부모 역할을 한다"는 어느 철학자의 글을 보고 후회하는 심정으로 쓴 글이었다.

그리고 세 은퇴자가 '공부하는 삶에 대한 경험담'을 들려주는 이 책에 참여하게 되었다. 요즘 은퇴자들을 위한 수많은 책들이 쏟아지고 있지만 공부와 관련된 책은 찾기조차 힘들다. 우리 3인 공저자들은 은퇴자와 은퇴 예비자들에게 공부가 필요하다는 것을 강조하고 싶어 책 쓰기에 도전했다. 우리는 시간적 여유가 생긴 은퇴 이후 시기가 공부하기에 가장 좋은 때라고 생각한다. 그리고 공부를 통해서 인생 2막의 삶을 보다 풍요롭고 건강하게 누릴 수 있다고 생각한다. 결과적으로 올해 나는 이 책을 포함하여 세 권의 공저 책을 쓰게 되었다. 정말 뜻하지 않은 성과이다. 나만의 책을 쓰겠다는 꿈이 그리 멀지 않은 듯하다.

앞서 언급한 무라카미 하루키의 책 이외에도 글쓰기에 관한 여러 책들을 읽어 보았다. 김연수의『소설가의 일』과 도러시아 브랜디의『작가 수업』등의 글쓰기 관련 책에서는 모두 재능이 있든 없든 꾸준한 글쓰기가 중요하다고 강조했다. 초고를 나중에 보면 글쓰기가 싫어지는데 그런 시련들을 잘 이겨 내며 꾸준히 많이 써 보아야 좋은 글을 쓸 수 있다는 것이다. 글쓰기는 무의식과 의식의 동시 작업인데 초기 단계에는 무의식을 통한 글쓰기가 습관이 되도록 의식의 작용을 절제할 필요가 있다는 조언도 가슴에 와 닿았다.

소설 등 문학적인 글쓰기는 다른 어느 분야보다 타고난 재능이 많이 요구되지만 다행히 내가 쓰고자 하는 글은 비문학 분야이다. 『유시민의 글쓰기 특강』에서 유시민은 비문학적인 글은 재능이 없더라도 논리적인 글쓰기 훈련과 연습을 통하여 얼마든지 잘 쓸 수 있다고 말한다. 집중력과 지속력을 기르면 얼마든지 훌륭한 작가가 될 수 있다는 뜻이다. 우리 시대 24인의 파워라이터를 기자들이 대담하여 쓴 『나는 작가가 되기로 했다』에서는 자기만의 글쓰기를 강조한다. 즉 자신의 기질과 스타일에 맞는 자기다운 글쓰기가 가장 중요하다는 것이다. 이 책에 소개된 철학자 강신주가 "인문학의 목적은 모든 사람이 각자 자기 삶의 주체가 되도록 하는 데 있다"고 한 말이 뇌리에 남았다. 나는 내 삶에 솔직하고 당당한 나만의 인문학적 성찰과 사색을 담은 책을 쓰고 싶다.

나의 100일 글쓰기
사례

● 사례 1 - 10일째

초조함이 문제다

카프카는 다음과 같이 말했다.

"다른 모든 죄를 낳는 인간의 주된 죄 두 가지가 있다면 그것은 초조함과 무관심이다. 인간은 초조함 때문에 천국에서 쫓겨났고 무관심 때문에 거기로 돌아가지 못했다. 그러나 주된 죄가 단 한 가지라고 한다면 그것은 초조함일 것이다. 인간은 초조함 때문에 추방되었고 초조함 때문에 돌아가지 못한다."

살다 보면 초조함 때문에 일을 망치는 경우가 많다. 이것을 해낼 수 있을까. 이것을 내일까지 마쳐야 하는데. 이런 초조함이 결국 일을 망치고 만다. 왜 그럴까? 초조함이 두뇌의 긍정적인 작용을 마비

시키기 때문이다. 초조함으로 인하여 집중력이 무너지고 말기 때문이다. 초조함으로 인하여 영감을 얻지 못하기 때문이다. 그래서 결국에는 밤을 꼬박 새우고도 아무런 결과물을 만들지 못하고 마는 것이다.

세월이 나에게 가르쳐 준 가장 소중한 지혜는 초조함을 버리는 것이었다. 나이가 들어 나는 초조함을 버림으로써 원하는 것들을 얻을 수 있었다. 초조함을 버림으로써 잠에서 깨어날 때, 화장실에 앉아서 혹은 길을 걷다가도 내가 원하는 모든 것들을 받아 적을 수 있었다. 메모지와 펜만 필요했다.

● 사례 2 - 68일째

어머니 곁에서

2014년 11월 아버지가 돌아가시고 난 후 어머니는 너른 아파트에서 혼자 주무신다. 홀로 주무시다가 무슨 일이라도 생기면 어쩌나 늘 걱정이다. 어머니는 허리 수술을 두 번이나 하셨고, 요즘은 다리가 불편해서 집밖 출입도 거의 못하신다. 아버지가 세상을 떠나신 후 나는 간혹 고향에 내려갈 때마다 어머니와 한 방에서 잠을 잔다. 함께 있는 동안이라도 어머니를 지켜 드려야겠다는 생각 때문이다. 어머니 냄새를 맡고 싶었지만 그런 건 느낄 수 없었다.

컨디션이 안 좋을 때 어머니는 제대로 잠을 주무시지 못한다. 한밤중에 몇 번씩 깨서 몸을 뒤척이는가 하면, 화장실도 자주 들락거리신다. 그럴 땐 어쩔 수 없이 수면제를 찾으신다. 자식 앞에서 말을 꺼내지는 않지만 얼굴에는 아픔을 참는 모습이 역력하다. 그런 모습의 어머니를 두고 서울로 올라올 때는 마음이 편치 않다. 그러나 서울 생활에 바쁘게 적응하며 지내다 보면 이내 어머니 생각은 뒷전으로 밀려나고 만다. 이틀에 한 번 정도 안부 전화만 드릴 뿐이다.

어제 한 달여 만에 고향에 내려왔다. 어젯밤 어머니는 잠을 편히 잘 주무셨다. 오랜만에 어머니가 해 주신 아침 밥상을 놓고 단둘이 마주 보며 식사를 했다. 예전에 어머니는 정말 요리 솜씨가 대단했다. 어떤 재료라도 조그만 어머니 손에 닿기만 하면 이내 맛깔난 음식으로 변해 있었다. 오늘 아침 어머니는 봄 내음 가득한 쑥국과 참나물 무침을 해 주셨다. 어머니 손맛을 느끼며 맛있게 먹었다. 그러나 마음 한편에서는 왠지 슬픈 느낌이 자꾸만 치밀어 올랐다. 솔직히 예전의 맛은 아니었다. 몇 년 전부터 느껴 왔지만 어머니의 음식 솜씨는 많이 무뎌졌다. 속절없는 세월 때문이라 생각하니 가슴이 더 아려 왔다. 어머니는 빠른 속도로 여인에서 자연인으로 변해 가고 있다. 머지않아 그렇게 자연으로 완전히 돌아갈 것이다. 어머니는 지금 그 모든 아름다움과 능력을 다 빼앗기며 홀로 세월을 감당하고 계신다.

● 100일 글쓰기의 효과

✓ 글의 분량이 점점 늘어났다

초반에는 최소 원고지 3매 이상 쓰는 것을 원칙으로 정했다. 처음 10일 정도는 이 원칙에 따라 3~5매 정도 분량의 원고를 썼다. 그러다 점점 후반으로 갈수록 원고 분량을 늘렸다. 30일 정도 남았을 때는 대략 8~10매 정도의 원고를 썼다. 점점 원고의 양을 늘려도 크게 힘들지 않았다.

✓ 글감 확보가 쉬워졌다

글쓰기 초반에는 글감 확보가 쉽지 않았다. 그러다 보니 글의 소재는 단조로움을 벗어나지 못했다. 주로 책 속에서 인상적인 부분이나 신문기사를 보고 발췌한 글에 단상을 적었다. 그러다 시간이 지날수록 점점 과거의 경험, 가족이나 친구에 대한 생각, 다른 사람과의 만남이나 대화 속에서 느낀 점 등 다양한 소재의 글을 쓸 수 있었다.

✓ 나만의 글쓰기 요령이 생겼다

처음에는 글감을 확보해서 그대로 글을 써 내려갔는데 시간만 걸릴 뿐 생각처럼 되지 않았다. 글쓰기에도 기획 습관이 중요하다는 것을 알게 되었다. 간단하게 어떻게 글을 전개할 것인지를 메모해 놓았다가 그것을 토대로 글을 쓰니 훨씬 쉽게 써졌다. 그리고 나만의 퇴고 요령도 생겼다. 초고를 쓰고 최소 한 시간 이상의 간격을 두고 두 번 이상 퇴고를 했다. 퇴고는 많이 하면 할수록 글이 좋아진다는 것을 알게 되었다.

✓ 문장력이 조금씩 늘어 갔다

나의 글쓰기에서 가장 큰 문제는 문장력이었다. 그중에서도 어휘력 부족이 가장 큰 문제였다. 무언가 표현하고 싶은데 적절한 어휘를 찾기가 쉽지 않았다. 초반에는 이 문제로 많은 어려움을 겪고 시간 낭비를 했는데 글을 쓰다 보니 자연스럽게 조금씩 나아지는 것을 느꼈다. 책 읽기와 글쓰기를 병행한 덕분일 것이다.

✓ 글쓰기에 대한 두려움을 극복했다

100일 글쓰기의 가장 큰 성과는 글쓰기에 대한 두려움을 극복했다는 점이다. 매일 글을 쓰다 보니 글쓰기가 자연스런 일상처럼 느껴졌다. 글쓰기를 통하여 세상과 소통하고 때론 마음을 치유하는 즐거움에 빠져들곤 했다. 매일 글쓰기는 두려움을 넘어 성취감을 느끼게 해 준다.

고전 문학의 바다에 빠지다

시행착오 끝에 만난 고전 문학의 세계

● ● ●

독서토론 모임에 참여하면서 여러 고전 문학들을 접하고 작품 속에서 다양한 삶의 주인공들을 만날 수 있었다. 비범한 삶의 주인공들은 나를 혼란스럽게 만들었고 충격을 주었다. 책을 읽고 주인공들의 삶을 사유하는 과정을 거치며 그들은 하나둘 내 머릿속 빈칸에 자리를 잡아갔다. 때론 격렬한 고통을 치르며 오랜 고정 관념들을 밀어내기도 하며 내 삶의 새로운 동반자가 되기도 했다. 나는 앞으로 더 많은 고전들을 읽을 생각이다. 그럴 때마다 또 다른 인물들이 나를 혼란케 할 것이다. 카프카의 말처럼 그들은 나의 얼어붙은 내면의 바다를 도끼로 내려칠 것이고 그렇게 나는 성장해 나갈 것이다.

40대 후반 어느 날인가 길을 걷다 어느 교회 앞 돌비석에 새겨진 글귀를 보고 발걸음을 멈춘 적이 있었다.

'대접받고 싶은 대로 대접하라.'

그때까지 나는 성경의 이 구절을 몰랐거나 흘려들었던 모양이다. 그 시절 나는 아내와 하루가 멀다 하고 다투었다. 그러던 중 우연히 마주친 이 글귀를 보고 머리를 한 대 얻어맞은 듯했다. 아내와의 위기를 극복할 방법은 내가 바뀌는 길밖에 없다는 생각이 들었다.

그러다 50대 초반에 김용옥의 『금강경 강해』를 읽게 되었다. 30대 후반쯤 직장 내 불교신자 모임에서 매주 어느 유명한 교수로부터 들은 '금강경' 강의와 같은 내용이었다. 그때는 아무런 감흥도 받지 못했지만 50대에 다시 접한 '금강경'은 충격 그 자체였다. '나'란 허상에 집착하며 살아온 지난날들에 대한 생각으로 밤잠을 제대로 이루지 못했다. 경전의 내용이 바뀐 것은 아니다. 오직 내가 변했을 뿐이었다. 이처럼 인생 전반기의 수많은 시행착오의 경험들이 나를 고전 문학의 세계로 빠져들게 했다.

50대에 다시 읽은 『노인과 바다』
•••

헤밍웨이의 『노인과 바다』에는 이런 내용이 나온다.

나는 줄을 정확하게 드리우지. 노인은 생각했다. 다만 더 이상 운이 없을 뿐이야. 하지만 누가 알아? 오늘이라도 운이 트일지? 매일매일

새로운 날인걸. 운이 있다면 더 좋겠지. 하지만 난 우선 정확하게 하
겠어. 그래야 운이 찾아왔을 때 그걸 놓치지 않으니까.

나는 읽기를 멈추고 잠시 생각에 잠겼다. '하지만 난 우선 정확
하게 하겠어'라는 문장이 자꾸 가슴을 파고들어 왔다. 나는 스스로
에게 조용히 읊조렸다.

"그래, 운은 있는 거야. 당연히 나도 행운을 바라지. 하지만 그걸
기다리며 살 순 없어. 하루하루 내가 할 일에 최선을 다하는 거야.
그렇게 목숨이 다하는 날까지. 늘 새로운 삶을 사는 거야."

중학교 시절 처음 읽은 기억이 나는 『노인과 바다』를 무려 45년
만에 다시 읽었다. 마치 처음 읽는 기분이었다. 노인의 한마디 한마
디가 큰 울림으로 다가왔으며 말의 의미를 알아듣는 내가 신기하게
느껴졌다. 노인의 주름진 얼굴을 대하듯 한 글자 한 글자 꼭꼭 눌러
서 읽어 내려갔다. 생명 현상의 모순된 법칙과 그것을 거역하지 않
고 살아가는 한 인간의 삶이 파노라마처럼 그려졌다. 수없이 많은
부분에 밑줄을 그으며 읽고 또 읽었다.

망망한 바다에서 노인 어부 산티아고는 바다의 생명들에게 대화
를 건네고 연민의 심정을 느낀다. 그러면서도 고기잡이를 멈추지 않
는다. 더불어 살아가면서도 서로의 생명을 필요로 하는 냉엄한 자연
의 법칙 앞에서 노인은 결코 좌절도 굴복도 하지 않는다. 소설 속 노
인과 소년의 우정은 인생의 주기에서 만나는 순수함을 상징한다. 어

른이 되기 전의 소년과 인생의 굴곡을 다 겪은 노인의 만남은 오염되지 않은 영혼들의 만남이다. 그럼으로써 자연은 순결한 모습으로 순환한다. 84일이나 고기를 잡지 못하다가 바다로 떠난 어부 산티아고는 결코 비현실적인 인물이 아니다. 노년의 삶은 점점 더 익숙하지 못한 것들과 마주쳐야 하는 시기이다. 비록 숙명처럼 다가오는 패배라 할지라도 생명이 유지되는 한 굴하지 않고 묵묵히 자신의 길을 걸어 나가야 하는 것이 노년의 삶이다.

어느덧 나도 노년의 초입에 들어섰다. 망망대해에서 산티아고 노인이 외친 것처럼 소리쳐 보았다.

"사람은 파멸당할 수는 있을지언정 패배하진 않아!"

한번은 이 소설이 청소년 필독서로 적합한가에 대하여 토론을 한 적이 있었다. '적합하다'가 '적합하지 않다'보다 6 대 4 정도로 많이 나왔다. '적합하다'는 의견을 낸 사람들은 '비록 완전한 이해가 힘들더라도 청소년 시절의 고전 읽기는 성년의 삶을 사는 데 간접적인 도움을 줄 것'이라 말했다. 나는 '적합하지 않다' 쪽에 손을 들었다. 대부분의 고전들은 청소년들의 인생 경험으로는 이해하고 받아들일 수 있는 수준 이상이다. 그런 책들을 그저 청소년 시절에 읽었다는 것만으로 만족하고 다시 읽지 않게 된다면 그것이야말로 인생의 큰 손실이 아닐 수 없다. 물론 청소년 시절에 고전을 읽는 것이 바람직하지 않다고 생각하지는 않는다. 중요한 건 정작 성년이 되어 고전을 읽지 않는다는 것이 더 큰 문제이다. 인생의 수많은 좌절과 아픔을 경험한 중년 이후야말로 고전을 읽기에 가장 좋은 때이다. 중년 이후에 읽는 고전은 노년의 삶을 보다 충만하게 살아갈 수 있도록 도와주는 가장 훌륭한 도구이다.

내가 쓰는 고전 서평
— 주인공들의 삶을 사유하다

● 『월든』, 헨리 데이비드 소로

소로는 실천하는 사상가였다. 1845년 7월 4일부터 1847년 9월 6일까지 그는 월든 호숫가에 오두막집을 짓고 살았다. 그곳에서 그는 세상 사람들과 다른 삶을 살았다. 그는 자신이 월든 호수에서의 삶을 선택한 이유를 다음과 같이 말했다.

"내가 숲 속으로 들어간 것은 인생을 의도적으로 살아보기 위해서였다. 다시 말해서 인생의 본질적인 사실들만을 직면해 보려는 것이었으며, 인생이 가르치는 바를 내가 배울 수 있는지 알아보고자 했던 것이며, 그리하여 마침내 죽음을 맞이했을 때 내가 헛된 삶을 살았구나 하고 깨닫는 일이 없도록 하기 위해서였다."

그는 그곳에서의 생활을 이 지상에서 천국에 가장 가까이 다가간 삶으로 묘사했다.

그곳에서 그는 온전히 자연과 하나된 삶을 살았다. 무엇이 그로 하여금 그런 생각과 느낌을 갖게 만들었을까? 그는 우리에게 '소유'에 속박된 삶이 인간 본연의 삶을 얼마나 심하게 왜곡시키는지 경고한다. 우리에게 진실로 필요한 것은 '소유 감각'이 아니라 '향유 감각'이다. 그래야만 온전하고도 심오한 감각을 지닌 풍부한 인간으로 살아갈 수 있다. 소로는 사람들에게 "자발적인 빈곤이라는 이름의 유리한 고지에 오르지 않고서는 인간 생활의 공정하고도 현명한 관찰자가 될 수 없다"고 말한다. 소로가 『월든』을 쓴 지 170여 년이 지난 오늘날 우리들은 점점 더 소유의 노예로 살아가고 있다.

● 『달과 6펜스』, 서머셋 모옴

안정되고 유복한 삶을 이어 가던 중년 가장인 스트릭랜드는 어느 날 느닷없이 아내와 자식을 버리고 집을 떠나 파리의 뒷골목 허름한 여관에서 경제 능력을 상실한 채 그림을 그리며 살아간다. 병에 걸려 도움을 받은 친구를 배신하고 그의 아내와 불륜의 동거를 하고 그로 인해 그녀가 자살을 했는데도 양심의 가책조차 느끼지 않는다. 결국 그는 남태평양의 타히티 섬으로 가서 현지인과 결혼하고 자신이 추구하던 그림을 그리다가 비참하게 생을 마감한다.

주인공 스트릭랜드는 오로지 본성에 충실한 삶을 살았다. 소설 속에는 이런 문장이 나온다.

"그는, 자신을 끊임없이 미지의 어떤 것으로 몰아가는 그 불가해

한 갈망을 방해하는 것이 혹시 자기 안에 들어와 있다면, 어떠한 괴로움이 있더라도, 그러니까 결국은 만신창이가 되고 피투성이가 된다 하더라도 그 방해물을 가슴속에서 뿌리째 뽑아낼 수 있는 인간 같았다."

그의 삶과 예술을 어떻게 받아들여야 할까? '인간은 타인의 욕망을 욕망한다'고 한 라캉의 말이 떠오른다. 우리의 무의식 속에는 자신이 아닌 타인의 욕망이 들어 있다. 우리는 그저 타인으로부터 인정받으려는 욕망 속에서 하루하루를 살아갈 뿐이다. 결국 우리는 자기가 아닌 타인의 삶을 살고 있는 것이다. 스트릭랜드는 그런 타인의 욕망에 끌려가는 삶을 거부했다. 그는 자신 속에 스며든 타인의 삶을 거부하고 오로지 자신의 삶을 살고자 했던 것이다. 『달과 6펜스』에서 서머셋 모옴은 스트릭랜드의 삶과 예술을 통하여 우리에게 무엇이 진정 옳은 삶인지 질문하고 있다.

● 『닥터 지바고』, 보리스 파스테르나크

볼셰비키 혁명의 광풍이 그들의 조국 러시아에 몰아쳤을 때다. 모든 이상이 그러하듯 혁명은 폭압으로부터 인간 삶의 근본을 회복하기 위한 숭고한 가치를 내세우며 일어난다. 지성과 양심의 인물인 유리(지바고)와 파샤는 가정과 사랑하는 여인을 지키려는 마음은 같았지만 선택한 길은 달랐다.

유리는 아무리 순수한 동기의 혁명도 그 결과는 또 다른 폭압으로 끝나게 될 것이라 생각한다. 그래서 그는 혁명에 방관적인 태도를 취하며 쫓겨 다니는 삶을 살아간다. 반대로 파샤는 혁명의 대열에 자발적으로 참여한다. 그러나 그는 혁명의 대열에서 이탈하여 결국 자살을 선택하고 만다. 혁명을 반대한 유리 역시 비극적인 삶을 살다 생을 마감하기는 마찬가지였다.

인류 역사를 통틀어 그 어떤 혁명도 이상을 실현시켜 주지 못했다. 그래서 러시아의 대문호 톨스토이는 혁명이 아니라 욕망을 절제하는 삶이야말로 진정한 행복과 평화의 길이라고 말했다. 주인공 유리가 원했던 삶도 그와 다르지 않았다. 유리는 모든 인간 개체가 자신의 본성에 충실하고 자연과 함께하는 삶을 원했다.

나는 왜 공부하는가

'진짜 공부'는 '인생 공부'

• • •

'군자불기(君子不器, 군자는 그릇을 만들지 않는다.)'

『논어』위정 편에 나오는 말이다. 그릇을 만든다는 건 자신의 쓰임을 특정 기능 또는 용도로 한정한다는 뜻이다. 현대 용어로 말하자면 전문가로 살아간다는 뜻이다. 공자는 그릇을 만들지 않는 삶을 이상적인 삶으로 보았다. 신영복은 『강의』에서 군자불기의 삶을 오늘날 사회와 연관 지어 설명한다. 현대 자본주의 사회는 고도로 전문화된 사회이다. 효율과 경쟁을 강조하는 자본주의 사회에서 전문성이야말로 사람들이 살아남을 수 있는 가장 확실한 무기이다. 그런데 성공한 자본가나 경영자들은 다르다. 그들은 전문성을 추구하지 않으며 어느 한 분야에 스스로 옥죄이기를 거부한다. 그럼으로써 그들은 자신의 영역을 무한히 확장해 나간다. 예나 지금이나 전문화는 하층의 일에 속한다. 위로 올라갈수록 전문성을 추구하지 않는다. 그러므로 여기에는 다분히 계급적 논리가 깔려 있다.

오늘날 사회에서 우리는 이 의미를 어떻게 받아들이고 적용시키는 것이 좋을까? 신영복은 "전문성은 오로지 노동 생산성과 관련된 자본의 논리"라고 말한다. "결코 인간의 논리가 못 된다"는 것이다.

단도직입적으로 나는 인생 2막을 불기, 즉 그릇을 만들지 않는 삶을 살고자 한다. 이것이 내가 공부하는 이유이자 추구하는 방향이다. 정년퇴직하기 전, 인생 전반기 30여 년을 나는 전문가로서 살았다. 학창 시절의 공부 역시 전문가가 되기 위한 공부였다. 직장에 들어가 50세가 되기까지 전문 분야의 실용서적 외 다른 책들을 본 적이 거의 없다. 문학과 예술은 나의 일상과는 완전히 거리가 멀었다. 그러나 그 시간을 후회하는 것은 아니다. 많은 아쉬움이 남긴 하지만 그렇게 살지 않고 어찌 이 험난한 세상을 이겨 냈겠는가.

내가 후회하지 않는 이유는 또 있다. 나에게 새로운 삶을 살 기회가 충분히 남아 있기 때문이다. 은퇴 후 나에겐 적어도 20년, 많게는 40년의 시간이 남아 있다. 내 삶이 축복으로 끝나느냐 아니면 재앙으로 끝나느냐는 이 시간을 어떻게 보내냐에 달려 있다. 나는 인생 전반기를 전문가로 살았으므로 후반기는 전문 분야에 얽매이지 않는 삶을 살고자 한다. 공부로 말하자면 전반기에는 실용 공부를 했으니 후반기에는 인생 공부를 하려는 것이다. 나는 인생 공부가 '진짜 공부'이자 '삶의 호흡이 깊어지는 공부'라고 생각한다. 인문 분야의 고전들을 넓고 깊게 섭렵하면서 삶의 의미를 생각하고 지난날들을 뇌돌아보고 싶다. 반드시 무엇을 이루기 위해서가 아니다. 그 무엇에도 얽매이지 않고 세상과 삶을 이해하고 새로운 사람으로 거듭나기 위해서이다.

호흡이 긴 인생 공부는 내 정신과 육체를 뿌리부터 변화시키고 단단하게 만들어 줄 것이다. 사이토 다카시는 『내가 공부하는 이유』에서 "공부는 자신의 내면에 나무를 한 그루 심는 것과 같다. 내면에 다양한 나무들이 건강하게 자라는 생명력이 넘치는 생태계가 형성되면 어지간한 어려움에는 쉬이 꺾이지도 시들지도 않는다"고 말했다. 나는 삶의 호흡이 깊어지는 공부를 통하여 세상의 어떤 유혹과 어려움에도 흔들림 없이 나 자신에 충실한 삶을 살고자 한다.

사람들은 누구나 젊음을 욕망한다. 젊게 산다는 것은 육체와 정신이 건강하다는 뜻이다. 요즘 세상은 가히 젊음 획득을 위한 아수라장이라 해도 과언이 아니다. 자본주의 물질문명이 젊음의 환상을 끝없이 부추기고 있다. 판에 찍어 내듯 성형미인을 만들어 내는 것만 보더라도 외적으로는 엄청난 성과를 거두고 있음을 부인하기 어렵다. 그러나 그런다고 진정한 젊음이 가능할까?

물론 젊음을 추구하는 그 자체가 문제인 것은 아니다. 젊게 산다는 것은 모든 개인의 욕망임과 동시에 바람직한 삶의 길이기도 하다. 나 역시 삶이 다하는 날까지 젊게 살고 싶다. 문제는 어떤 젊음을 추구하는가이다. 『삶을 위한 철학수업』에서 이진경은 젊음에 대하여 이렇게 말한다.

> 젊다는 것은 무언가가 끊임없이 입력되고 입력된 것을 처리하기 위해 뉴런들이 새로운 연결망을 만들고 그에 따라 새로운 패턴의 출력이 언행으로 나타나는 것이다.

입력은 없고 출력이 많으면 인간은 나이와 상관없이 늙는다. 입력이 없고 출력이 많은 자를 우리는 고정관념에 빠진 '꼰대'라고 부른다. 소위 듣고 배우려 하지 않고 혼자만 말하고 끝없이 가르치려 드는 자들이다. 입력은 그냥 축적되는 것이 아니라 우리 뇌와 몸에 새로운 변화를 일으킨다. 사고와 행동의 변화를 유발하고 그래서 어제와 다른 나를 만든다. 저자는 이러한 삶의 프로세스를 '공부'라고 부른다. 공부는 밖으로 향해 있던 시선을 자기 자신으로 돌리는 것이다. 그것을 통해 몸은 지금까지의 관성을 벗어나 다른 삶을 향하게 된다. 그는 30대 중반이면 많은 이들이 공부를 끝내고 늙기 시작하는 우리 사회를 '젊은 노인의 사회'라고 부른다.

뇌 과학자들의 연구 결과에 따르면 어린아이들은 아주 짧은 시간 단위에도 눈에 보이는 것들을 거의 놓치지 않고 인지한다고 한다. 자기 앞에 다가오는 것들이나 스쳐 지나가는 것들을 놓치는 법이 거의 없다. 그러나 나이가 들면 그러한 인지 능력이 점점 느슨해진다. 젊었을 때는 세상에 대한 관심 내지 호기심이 높으나 나이가 들면 그것이 점점 줄어든다는 뜻이다. 그래서 세상에 대한 관심과 호기심이 많이 무뎌진 노인에게는 봄이 왔는가 하면 어느새 여름이 오고 또 이내 낙엽 지는 가을이 오고 마는 것이다. 자기 앞에 다가온 무수히 많은 작은 사건들을 제대로 느끼고 인지하지 못한 결과이다.

나이가 들면 두뇌의 인지 기능이 떨어지는 것은 불가피한 현상이다. 그러나 사람의 노력으로 이를 최대한 늦출 수는 있다. 바로 공부를 하는 것이다. 매일 일정 시간을 투자하여 책을 읽고 사유하고 글을 쓰는 것이다. 함께 읽고 토론하는 공부를 하면 더욱 좋다. 『지적으로 나이 드는 법』의 저자 와타나베 쇼이치는 공부를 통한 지속적인 정신적 긴장과 지적 자극이야말로 노년 건강의 비결이라고 말한다. 고미숙은 『공부의 달인, 호모 쿵푸스』에서 책을 통해 공부를 하면 우리 몸의 감응력이 높아진다고 말한다. 얼굴이 멋있어지고 몸도 건강해지고 삶의 비전이 확 열리는 것도 그 때문이라고 설명한다. 나는 죽는 날까지 젊게 살기 위해서라도 공부를 계속할 것이다.

성공이 아니라 성장이다

•••

50대 중반쯤, 그러니까 정년퇴직을 5~6년 정도 남겨 놓았을 즈음 마음이 심하게 흔들린 적이 있었다. 이대로 계속 산다는 건 대책 없는 패배자의 길로 나가는 것이라는 생각이 들었다. 어떻게 하면 남은 인생을 헛되이 보내지 않을까, 고민이 점점 깊어졌다. 평소 다른 사람의 삶을 엿보기 좋아하는 나는 그때 내가 모르는 한 사람의 자서전을 발견했다. 종교사상가인 카렌 암스트롱이 쓴 『마음의 진보』라는 책이었다. 그녀는 가톨릭 수녀가 되려는 꿈을 접고 한참을 방황하다 새로운 종교인으로 거듭났다. 그리고 지금은 모든 종교를 아우르는 종교학 분야의 저술가이자 최고의 권위자이다. 이 책은 젊은 시절의 수많은 고통과 좌절을 딛고 일어서서 내면으로부터 변화하는 진솔한 이야기를 담고 있었다. 나에게는 이 책이 세상에 상처받기 쉬운 나약한 인간이 변화와 성장을 거듭하는 용기 있는 이야기로 느껴졌다. 비록 영역은 다르지만 나도 그녀처럼 내적 변화를 통하여 나만의 담대한 길을 걸어 나가야겠다고 생각했다. 그것은 성공의 길을 버리고 성장의 길을 선택하는 것일 것이다. 진정한 성공은 성장의 결과로부터 나온다.

성공의 길과 성장의 길은 다르다. 성공의 길은 오로지 목표와 결과만이 중요하기 때문에 남과의 경쟁에서 이기지 않으면 안 된다. 반면, 성장의 길은 목표가 아닌 변화에 초점을 맞추며 자신의 내면과 함께하는 여정이다. 성공은 외부 지향적이나 성장은 내면을 지향한다. 나는 지금까지 성공의 길을 향해 줄곧 달려왔다. 그러나 이제 그것을 내려놓으려 한다. 성공의 길은 외부에서 주어진 목표를 향해 나를 끝없이 채찍질해야 하지만 내향적인 내 적성에는 맞지 않았다. 한동안 그 길로 달려가다가도 나도 모르게 어느 순간 힘이 빠지고 실패자처럼 우두커니 서 있는 지친 나를 발견하곤 했다. 나는 이제 지속적으로 나 자신과 대화하며 한발 한발 앞으로 나아가는 것이야말로 성장의 길임을 확신한다. 암스트롱은 "남의 괴물과 싸울 것이 아니라 자기의 괴물과 싸우고 자기의 미궁을 탐색하고 자기의 시련을 감내해야만 자기 삶에서 빠져 있었던 것을 결국 찾아낼 수 있다. 이렇게 거듭나야만 두고 온 세상에도 무언가 쓸모 있는 것을 안겨 줄 수 있다"고 말한다. 지금 이 순간 내가 공부하는 이유는 성공하기 위해서가 아니라 성장하기 위해서이다.

베이비붐 세대에게
공부를 권하다

● **퇴장하는 베이비붐 세대**

1955년에서 1963년 사이에 태어난 베이비붐 세대는 지금 무대 뒤편으로 퇴장하고 있다. 2015년 기준으로 52세에서 60세에 해당하는 이들은 전후 높은 출생률로 인해 생성된 거대한 인구 집단이다. 통계청의 '장래인구추계(2010)'에 따르면 베이비붐 세대는 전체 인구의 14.6퍼센트를 차지하는 712만 명에 이른다. 그중 남성이 358만 명이고 여성이 354만 명이다. 이들은 과거 한국 경제의 고도성장을 이끈 주역들이다. 근대화와 함께 성장했고 유신 시대를 경험했다. 치열한 입시 경쟁을 치렀고 취업 전선에서 성공하기 위해 온몸을 던졌다.

앞으로 10년 내에 대부분의 베이비붐 세대는 직장을 떠나게 될 것이다. 이미 몇 년 전부터 그 쓰나미는 시작되었다. 그나마 정년퇴직을 하는 경우는 운이 좋은 편이다. 그러나 이들에게도 노후 대책이 없기는 마찬가지이다. 100세 시대의 도래를 미처 예상하지 못한 베이비붐 세대에게 은퇴 이후의 삶은 불안하기만 하다. 게다가 이들은 노부모를 봉양해야 하고, 아직 독립하지 못한 자식들 뒷바라지까지 해야 하는 '긴 세대'이다.

● **퇴장을 말하기엔 너무 젊다**

100세를 기준으로 보면 베이비붐 세대는 이제 인생의 반환점을 돌았을 뿐이다. 이들이 무대에서 퇴장하는 것은 개인의 불행임은 물론 사회적으로도 불행이다. 국가는 이들에게 더 많은 일자리 기회를 만들어 주어야 한다. 물론 당사자들도 당당하게 일어서야 한다. 한창때 경제 성장의 주역으로 활동했던 것처럼 지금 이 시점에 자신이 해야 할 역할을 찾아야 한다.

베이비붐 세대는 이전 세대에 비해 상당히 지적인 세대이다. 제대로 근대적 교육을 받은 대졸자가 23.7퍼센트이고, 고졸자까지 합하면 68.2퍼센트에 이른다. 학교를 졸업하고 직장에 들어간 이들은 전문 지식을 활용하여 각자 국가가 요구하는 전문가로 자리 잡았다. 소위 '조국 근대화'의 기수가 된 것이다. 하지만 자신을 돌아보고 미래의 비전을 생각하는 공부는 엄두를 내지 못했다.

● 다시 사회의 주역이 되기 위하여

우리 사회는 지금 새로운 비전 찾기를 원한다. 경제적으로도 정치·사회적으로도 새로운 비전을 갈구한다. 그런데 누가 이 일을 할 수 있을까? 누가 미래 세대의 비전을 찾아 줄 수 있을까? 단도직입적으로 공부하는 사람이 할 수 있다. 공부하는 사람만이 미래 비전을 열 수 있다. 그런데 교육 열기에 후끈 달아올라 있는 우리 사회는 역설적으로 공부하지 않는 사회이다.

나는 이제 막 은퇴에 접어든 베이비붐 세대에게 말하고 싶다.

"이제부터 여유 시간의 일부를 할애해서 공부를 하라. 그래서 미래 세대에게 새로운 비전을 안겨 주는 존경받는 어른이 되자. 과거에 익혔던 경험에만 안주하지 말고 스스로 새로운 비전을 고민하고 토론하는 진정한 어른이 되자!"

공부하는 어른이 많은 사회는 결코 썩지 않는다. 왜냐하면 그들은 미래를 지향하면서 바른 길을 선택하기 때문이다. 그들은 이상만 말하는 무책임한 자들에게는 현실의 엄중함을 일깨우는 한편, 속내를 숨기며 이 땅의 리더가 되려는 부패한 자들에게는 스스로 부끄러움을 느끼게 만들 것이다. 공부하는 어른들의 목소리는 결코 허투루 흘려들을 수 없다.

우리 사회는 지금 세대 간 갈등으로 심한 몸살을 앓고 있다. 그 세대 갈등에 베이비붐 세대도 한자리를 차지하고 있다. 세대 갈등을 해소하는 길은 공부밖에 없다. 하루에 한 시간만이라도 책을 읽자. 그러면 한 달에 두세 권을 읽을 수 있다. 그런 다음 열린 토론의 광장으로 나가자. 다양한 세대의 사람들과 만나 토론하고 공감하는 시간을 가져 보자. 그러한 노력이 세대 갈등을 줄이고 진정한 어른이 되는 길일 것이다.

고독력을 키우다

『논어』의 첫 구절을 다시 읽다

• • •

중학교 한문 시간에 배워서 지금까지 외우고 있는 『논어』의 첫 구절이 있다.

"배우고 때때로 익히니 어찌 기쁘지 않으랴(學而時習之不亦說乎). 먼 곳에서 벗이 찾아오니 어찌 즐겁지 않으랴(有朋自遠方來不亦樂乎)."

그런데 그다음 문장은 제대로 기억나지 않는다. 40여 년이 지나서 첫 구절의 마지막 문장을 읽었다.

"사람들이 알아주지 않아도 노여워하지 않으니 어찌 군자가 아니겠는가(人不知而不慍不亦君子乎)."

이 문장을 읽고 그 뜻을 이해하는 데 이토록 긴 세월이 걸렸단 말인가. 나는 요즘 『논어』의 첫 구절 순서를 바꾸어 읽어 보곤 한다. 남들이 알아주지 않아도 묵묵히 내 길을 걸어가야 한다는 생각이 자꾸만 든다. 그래서 홀로 심지를 굳건히 하여 책 읽고 공부하는 일을 게을리 하지 말자고 다짐한다. 그러다 간간이 마음을 나누는 친구를 만나면 좋겠다는 생각도 든다.

우연히 『맹자』에서 '천작(天爵)'이란 글을 발견했다. 하늘이 준 벼슬이란 뜻이다. '인작(人爵)', 즉 사람이 준 벼슬은 언젠가 떨어져 나가고 만다. 언제 나를 배신할지 모른다. 그러나 하늘이 준 벼슬은 그렇지 않다. 남을 의식할 필요 없이 나 스스로 정직하고 옳은 삶을 살아가면 된다. 그러면 쉽사리 외로움에 절망하지 않고, 외로움이 밀려와도 충분히 이겨 낼 수 있을 것이다. 이제 그렇게 살아가야 할 나이가 되기도 했다. 밤하늘의 반짝이는 작은 별처럼 나 스스로를 밝히는 삶을 살아가는 것이다. 그것이 나를 지키면서 나란 존재가 세상에 기여할 수 있는 작지만 큰 길이다. 또한 그렇게 사는 것이 곧 하늘이 준 벼슬의 삶을 사는 길이다.

직장 생활 말년에 어느 공공 기관의 자문 회의에 참석한 적이 있다. 불과 몇 달 전까지만 해도 그 회사의 힘 있는 이사였던 분이 퇴임 후 그 자리에 참석했다. 평소 알고 지내던 분이라 반갑게 인사를 하고 자리에 가서 앉았는데 회의를 시작하려는 순간 그분이 불같이 화를 냈다. 회의를 보조하는 실무자가 실수로 그분의 명패를 준비하지 않은 것이다. 큰 결례를 한 것이 분명했다. 그런데 아무리 그렇다 하더라도 그토록 화를 낼 일인가. 그분은 불과 얼마 전까지만 해도 자신을 하늘처럼 떠받들던 직장 부하들이 이제는 퇴직했다고 자신의 존재를 깡그리 무시했다고 생각한 모양이었다. 오랫동안 몸담은 직장을 은퇴할 때가 되면 사람들은 아무도 자신을 알아주지 않을 것이라는 두려움을 느낀다. 그럴 때 현실에서 유사한 대접을 받게 되면 심한 모욕감을 느끼고, 때론 참기 어려운 분노가 폭발하기도 한다.

김찬호는 『모멸감』에서 "자기의 사회적 지위를 정체성의 핵심으로 삼는 사람들은 자존심이 무너지는 상황에 쉽게 노출된다"고 말한다. 그리고 "또 한 가지 문제는 그 지위가 오래 가지 못한다는 데 있다"고 말한다. "언젠가는 평범한 사람으로 돌아갈 수밖에 없는데, 자신은 언제까지나 특별한 존재로 대우받을 수 있을 것이라고 착각하는 것이 문제"라는 것이다.

이 착각에서 벗어나는 길이 바로 공부라고 나는 생각한다. 공부를 통해서 자신의 내면을 풍부하고 단단하게 가꾸면 구차하게 자기를 증명하려 애쓰지 않을 것이다. 스스로 드높은 세계에 충실한 사람이 되면 타인의 평가나 인정에 얽매일 필요가 없다. 맹자가 말하는 '하늘이 준 벼슬'을 받은 사람이란 바로 이런 사람을 두고 하는 말일 것이다. 김찬호는 책에서 "삶이 특별해지는 순간은 자신이 더 이상 특별한 존재가 아니라는 것을 깨닫는 순간"이라고 강조한다. 그리고는 "결국 인간은 무로 돌아간다. 그것은 모든 존재의 바탕이다"라고 덧붙였다.

노년의 외로움을 이기는 고독력

• • •

노년의 삶에서 '관계'의 중요성은 아무리 강조해도 지나치지 않는다. 노년 행복을 실증적으로 조사 분석한 『행복의 조건』의 저자 조지 베일런트는 "50대 이전에 맺은 풍부하고도 안정적인 인간관계가 노년 삶의 질과 장수에 큰 영향을 미친다"고 말한다. 그런데 여기서 말하는 인간관계는 남으로부터 인정받으려는 욕구와는 다르다. 오히려 남으로부터 인정받으려는 마음을 버릴 때 참다운 인간관계를 구축할 수 있다.

송호근은 『그들은 소리 내 울지 않는다』에서 "직장생활 등을 통하여 맺은 공적 관계망은 퇴직과 더불어 거의 무용지물이 된다"고 말한다. 양적으로 가장 큰 비중을 차지하는 공적 관계는 은퇴 후 6개월이 지나면 완전히 소멸되고 만다는 것이다. 우리는 가능하면 공적 관계를 오래 유지함으로써 자신의 존재를 확인하고 인정받으려 한다. 그러나 이것은 현실적으로 불가능한 꿈에 지나지 않는다. 또한 공적 관계로부터의 인정받기는 대부분 위계적 관계를 전제로 한다. 상하 관계나 소위 '갑을 관계' 등 권력관계를 통한 인정받기이므로 진정한 인간관계로 보기 어렵다. 그러므로 이는 결코 오래가지 않는다. 노년에 요구되는 인간관계는 이와는 다른 보다 인간적으로 친밀하고 평등한 관계이다.

남으로부터 인정받기와 참된 인간관계의 형성, 그 둘 사이에는 존재하는 무엇이 있다. 그것은 다름 아닌 '고독'이다. 남으로부터 인정받기를 극복하고 새로운 관계 형성의 세계로 나아가기 위해서 우리는 고독을 경험하지 않으면 안 된다. 그것은 불가피하면서도 바람직한 정서적 요구이다. 고독은 단순히 외로움을 참고 견디는 것이 아니라 오랫동안 자신 속에 스며든 인정 욕구를 끊고 타인과 참된 관계로 나아가게 하는 보이지 않는 힘이다. 인정 욕구를 버리면 세상에 홀로 남겨진 것 같은 외로움이 스며드는데 그때 우리는 공부와 명상 등을 통하여 자신을 단단하게 만들어 주는 고독의 힘을 키울 수 있다. 고독은 외로움을 이길 수 있게 하고 세상의 모든 타인과 함께할 수 있는 힘을 준다. 고독을 즐길 수 있는 자만이 타인과 즐거운 관계로 나갈 수 있다. 그래서 노년의 삶에서 고독력을 기르는 것은 중요하다.

엄기호는 『단속사회』에서 외로움과 고독은 다르다고 말한다. 외로움은 영어로 loneliness이고, 고독은 solitude이다. 엄기호는 "둘의 차이를 결정짓는 단어는 '만남'이다"라고 말한다. 외로움에는 만남이 없고 고독에는 만남이 있다. 외로움은 말 그대로 세상과 단절된 상태이다. 외로움을 느끼는 사람은 누구도 자기를 찾지 않으므로 존재의 의미를 상실하고 만다. 그러나 고독은 다르다. 고독은 자기 내면에서 세상과 사람들을 만난다. 때론 사람들과 불화하기도 하지만 그러면서 자기 자신과 조화를 꾀한다. 결코 자기 자신을 무시하거나 포기하지 않는다. 고독한 사람은 자신의 진정성을 찾는 사람이며,

그런 과정에서 내적인 성장을 이룩한다.

철학자 피에르 아도는 고독할 줄 아는 사람을 '강력한 개인'이라 불렀다. 고독은 결코 수동적인 의미가 아니다. 고독 속에는 스스로 홀로 있음을 선택한다는 뜻이 담겨 있다. 스스로 홀로 있음으로써 우리는 자신의 내면을 바라볼 수 있다. 내면과 대화하고 내면의 욕구를 이해하고 내면으로부터 삶의 조화를 추구한다. 반면, 고독할 줄 모르는 사람은 그저 세상에 순응하며 살아갈 뿐이다. 그런 사람에게는 '자기'가 존재하지 않는다. 그저 세상이 지시한 대로, 세상이 알려 준 대로 살아갈 뿐이다. 우리는 그런 사람을 진정한 자신의 주인이라고 부를 수 없다.

오늘날 사회는 외향성을 건강의 지표로 간주하며 그렇게 살도록 권장한다. 외향적이지 못한 사람들에 대해서는 적응력이 떨어지거나 뭔가 정신적 질환을 앓고 있는 사람처럼 취급한다. 그러나 세상에는 완전한 외향성의 인간도 완전한 내향성의 인간도 없다. 다만 어느 쪽 기질이 강하냐가 있을 뿐이다.『콰이어트』에서 수잔 케인은 "여타의 상호보완적인 쌍(이를테면 남성성과 여성성, 동양과 서양, 진보와 보수)에서와 마찬가지로 양쪽의 성격 유형이 함께 존재하지 않았다면 인류는 지금과 전혀 다르게 진화했을 것이고 훨씬 더 보잘것없었을 것이다"라고 말한다.

개인도 마찬가지이다. 고독은 자신의 내면세계에 접속하여 거기서 진정한 자신을 발견하게 해 준다. 우리는 그 발견을 바탕으로 활짝 열린 관계의 세계로 나갈 수 있고 세상에 더 많이 기여할 수 있다. 노년에 활기찬 외향적 삶을 살기 위해서는 역설적으로 내면의 고독력을 키우지 않으면 안 된다.

삶과 죽음을 관조하다

아버지를 여의다

. . .

2014년 늦가을 나는 아버지를 여의었다. 내 나이 59세에 88세의 아버지를 잃었으니 비통해할 일은 아니라고 할지도 모른다. 하지만 나를 낳아 준 아버지와 이별한다는 건 다른 죽음을 지켜보는 것과는 차원이 다른 충격이었다. 앞에서도 말했듯이 나는 말년에 아버지를 잘 모시지 못한 아쉬움과 후회의 글을 『당신은 가고 나는 여기』에 실었다. 이상하게도 아버지의 빈자리는 시간이 지나도 좀처럼 메워지지 않았다. 가슴 한구석에 구멍이 뻥 뚫린 것 같고, 내 삶의 뿌리가 통째로 뽑혀 나간 것 같은 느낌이 들기도 한다. 부끄러운 얘기지만 아버지가 없는 세상은 나를 지켜 주는 보호막이 완전히 사라진 느낌이다. 그러나 그것은 장남으로서 '앞으로 집안을 어떻게 이끌어가야 할까?'와 같은 고민과는 다른 성질의 느낌이다. 멀게만 느껴졌던 죽음이 이제 코앞에 다가와 있다는 느낌이 정확할 것이다. 어떻게 살 것인가에 대한 고민이 깊어졌다.

아버지는 간혹 "나는 죽으면 아무것도 없다고 생각한다"는 말씀을 하시곤 했다. 아버지는 『죽음이란 무엇인가』의 저자 셸리 케이건처럼 무신론자셨다. 늘 밝고 건강하게 사셨지만 말년에는 삶에 미련을 두지 않았고, 죽음을 담담하게 받아들이셨다.

돌아가시던 해 구정 전날 아버지와 단둘이 외식을 하러 갔었다. 그즈음 아버지는 몸이 많이 쇠약해져 외출하기도 힘들었다. 그래도 걸을 수 있고 식사도 잘하셨으므로 차를 조심스럽게 몰아 교외 식당으로 모셨다. 식사를 하면서 아버지에게 자식들에게 남길 말씀이 없느냐고 물어보았다. 아버지는 조금도 망설임 없이 "없다!"라고 하셨다. 왠지 섭섭한 기분이 들었지만 이내 아버지를 이해할 수 있었다. 아버지는 평소 소신과 행동대로 말씀하신 것이다.

"너희들과의 인연은 내가 죽음으로써 끝이다. 너희들의 삶은 당연히 너희들 자신의 몫이다. 너희들 뜻대로 당당하고 후회 없이 살다 가거라."

아버지의 '없다'라는 말 속에는 이런 메시지가 담겨 있다고 나는 생각한다.

어느 책에선가 '부모는 자식의 무의식 속에 존재하고, 자식은 부모의 몸속에 존재한다'는 글을 본 적이 있다. 아버지는 세상을 떠났으므로 아버지 속에는 이제 내가 없다. 그러나 내 안에는 여전히 아버지가 존재하고 있다. 아버지를 떠올릴 때마다 '나는 어떻게 살아야 할까?'라는 질문이 자연스럽게 떠오른다.

후회 없는 삶을 위하여

• • •

"돌이켜 보건대 인류는 별에서 태어났다. 그리고 잠시 지구라 불리는 세계에 몸을 담고 있다.", "대폭발의 혼돈으로부터 이제 막 우리가 깨닫기 시작한 조화의 코스모스로 이어지기까지 우주가 밟아 온 진화의 과정은 물질과 에너지의 멋진 상호 변환이었다.", "인류는 대폭발의 아득한 먼 후손들이다. 우리는 코스모스에서 나왔다.", "생명 현상이 보여주는 분자 수준에서의 동질성으로부터 우리는 지상의 모든 생물이 단 하나의 기원에서 비롯했음을 알 수 있다."

요즘 읽고 있는 과학 분야의 고전인 칼 세이건의 『코스모스』에 나오는 글귀들이다. 이 글들은 우리 인간의 삶과 죽음이 우주의 다른 존재들과 따로 떨어져 있지 않음을 알려 준다. 인간은 어머니란 존재의 몸을 빌려 이 세상에 태어나지만 근본적으로는 우주로부터 탄생하여 다시 우주로 돌아가는 존재이다. 어떤 의미에서는 힌두교에서 말하는 윤회가 적용되고 있는 곳이 우주일지도 모르겠다.

나는 아버지를 영원히 떠나보내는 발인식의 고별사에서 "아버지는 이제 우주의 에너지로 돌아가셨다"고 말했다.

언젠가 물리학자 장회익의 『물질, 생명, 인간』을 읽고 충격을 받은 적이 있다. 그는 인간과 같은 개체 생명을 '낱생명'이라 불렀다. 그리고 "낱생명은 그 자체로 생명이 될 수 없고, 오직 '온생명'과 적절한 관계를 맺음으로써만 생명의 기능을 할 수 있다"고 말했다. 그가 말하는 온생명은 '태양과의 관계로부터 형성된 지구의 유기적 체계 전체'이다. 그의 주장은 '지구는 살아 있다'고 말하는 러브록의 가이아 이론과 궤를 같이 한다. 장회익의 가설에 따르면 인간을 넘어선 지구는 그 자체로 하나의 생명체이다. 당연히 낱생명으로서 인간은 온생명인 지구와 연결되어 있는 존재이다. 나는 이 주장으로부터 '인간은 비록 자신의 육신이 소멸된다 해도 영원히 생명을 이어가는 존재'라는 생각을 떠올린다. 그리고 이런 생각에 이르게 되면 죽음 이후의 세계가 반드시 허무하다고 말할 수 없다. 당연히 죽음을 아쉬워하거나 두려워할 필요도 없다. 그렇다면 나는 죽음의 무엇을 두려워하는 걸까?

나는 죽음 자체는 두렵지 않다. 단지 죽는 순간이 두려울 뿐이다. 하지만 이건 생명을 받은 자라면 누구나 반드시 겪어야 할 일이다. 물론 죽음의 순간조차 당당하고 멋있게 맞는 사람도 있다. 자연과 조화로운 삶을 살다 간 스콧 니어링은 100세가 되어 다른 어떤 인위적인 도움 없이 죽음의 과정을 스스로 예민하게 느끼며 목숨을 거두었다고 한다. 그러나 이런 사람은 극히 드물다. 나 역시 죽음의 순간을, 특히 죽기 전에 찾아오는 고통의 시간들을 잘 넘기리라 장담할 수 없다. 나는 죽음의 고통이 삶을 얻은 행운에 대하여 치러야 하는 일종의 대가 같은 것이라고 생각하고 싶다. 죽는 순간이 두려운 나에게 에피쿠로스의 말은 조금 위안이 된다.

> 우리 자신이 존재하고 있는 한 죽음은 우리와 아무 상관없다. 하지만 죽음이 우리를 찾아왔을 때 우리는 사라지고 없다. 따라서 우리가 살았든 이미 죽었든 간에 죽음은 우리와 무관하다. 살아 있을 때는 죽음이 없고 죽었을 때는 우리가 없기 때문이다.

이제 나에게 중요한 것은 '남은 삶을 어떻게 잘 살 것인가?'뿐이다. 인간이라는 행운을 얻어 이 세상에 나왔으니 미련 없이 삶을 즐기고 보람차게 살다 가면 그만이다. 인생 2막을 맞이해 생을 누릴 시간도 이제 마지막으로 치닫고 있다. 죽음이 멀지 않았다고 생각하면 삶의 시간들을 허비해서는 안 된다는 생각이 더욱 간절해진다. 나에게 후회 없는 삶이란 공부하는 삶이다.

나의 노후 준비
5대 실천 전략

● 경제 - 남의 말에 현혹되지 않는다

세상 사람들이 가장 많이 말하는 것이 돈이다. 얼마나 많은 돈이 필요하고 어떻게 하면 돈을 벌 수 있는지 끝없는 조언이 쏟아진다. 그러나 정작 나 자신은 돈에 대해 아무런 생각이 없으니 남의 말에 끌려다닐 수밖에 없다. 하지만 남의 말은 참고 사항일 뿐이다. 중요한 것은 나의 판단이다. 돈과 자유는 한쪽을 얻으려면 다른 쪽을 희생해야 하는 트레이드오프 관계이다. 양쪽 모두를 원하는 만큼 얻을 수는 없다.

나는 삶을 살아가는 데 필요한 돈의 기준을 낮추고 더 많은 자유를 갖고자 한다. 남에게 인정받고 싶은 욕구만 버려도 돈은 생각만큼 많이 필요하지 않다. 돈에 끌려다니며 살지 않을 것이다.

● 건강 – 운동이 먼저다

건강이 최우선이다. 건강을 잃으면 아무것도 할 수 없다. 음식과 운동은 건강을 지키는 2대 요소이다. 다행히 나는 음식에 대한 욕심이 과하지 않다. 육식을 그다지 좋아하지도 않고 술도 거의 마시지 않으며 담배는 젊었을 때 끊었다. 문제는 운동이다. 나는 운동에 있어서만큼은 게으른 편이다. 운동은 규칙성이 중요하다. 어떤 일이 있어도 하루 1시간 규칙적으로 하겠다는 각오가 필요하다. 하루 1시간만 무리하지 않고 걷기와 가벼운 근력 운동을 죽는 날까지 꾸준히 실천하고자 한다.

● 관계 – 균형을 유지한다

관계는 노후 삶의 질에 결정적인 영향을 미친다. 특히, 가족 및 친구와의 관계가 중요하다. 그런데 관계는 균형을 요구한다. 관계는 모자라도 안 되고 지나쳐도 안 된다. 집착과 무관심이라는 극단적인 상황을 피해야 한다.

또한 홀로 있음(고독)을 즐길 줄도 알아야 한다. 홀로 자기 삶을 즐기면서 동시에 가족과 함께하고 친구를 만나야 한다. 그래야만 관계에 지나치게 의존하지 않고 그 관계를 오래 유지할 수 있다. 나는 모든 인간관계에서 균형을 유지하는 삶을 살 것이다. 언젠가 관계를 떠날 날이 올 것임도 잊지 않는다.

● 일과 취미 – 죽는 순간까지 지속한다

　일과 취미가 있어야 노후를 건강하게 보낼 수 있다. 노후의 삶에서 일과 취미는 크게 구분되지 않는다. 일이 곧 취미고 취미가 곧 일이 되기 쉽다. 일이든 취미든 적어도 평생 갖고 가야 할 것 하나쯤은 있어야 한다. 문제는 그것을 찾기가 쉽지 않다. 직장을 은퇴하고 새로운 나의 일 또는 취미를 만드는 것은 힘든 일이다. 대부분 중도에 포기하기 일쑤다. 그러면 영영 내 것으로 만들 수 없다. 다행히 나는 그것을 찾았다. 나에게 평생 함께할 동반자는 독서와 글쓰기 그리고 그림 그리기이다.

● 행복 – 매일 작은 성취감을 느낀다

　행복이 삶의 전부라 해도 과언이 아니다. 행복감이 노년의 삶을 건강하게 만든다. 그런데 행복은 결코 크거나 멀리 있는 것이 아니다. 일상의 작은 것에서 행복은 다가온다. 일상에서 행복을 느끼는 가장 손쉬운 방법은 작은 성취감을 자주 얻는 것이다. 인생의 큰 목표를 작은 성취감과 연결시키는 것이 중요하다. 매일 작은 성취감을 느끼면서 큰 목표에 도달하는 지혜가 필요하다. 지금 나에게 작은 성취감은 책을 읽고 글을 쓰는 것이다. 책을 통해 내가 모르는 것을 알게 되고 새로운 깨달음을 얻으면서 나는 매일 행복한 삶을 살고 있다.

삶을
바꾸다

윤석윤

2부

인생은 살며 사랑하며 배우고 익히는 과정이다. 인생 2막을 준비하면서 지난날을 되돌아봤다. 지난날을 어떻게 살아왔는지 되돌아보는 것은 내일을 준비하는 나에게 중요했다. 그럼에도 과거를 이야기하는 것은 주저하게 된다. 마치 거울 앞에 알몸으로 서 있는 듯 부끄러웠다. 하지만 그러한 과정을 통해 앞으로 어떻게 살아갈 것인가를 깨닫게 되었다. 나는 스스로 학생이라고 생각하며 인생학교에서 배우기를 즐긴다. 그곳의 교훈은 '새옹지마(塞翁之馬)'이다. 즐거움과 고통, 행복과 불행이 일상적이라는 것이다. 삶을 구성하는 네 가지 요소, 즉 일과 사랑, 놀이와 관계가 그런 일상성으로 채워져 있다. 인생 전반전이 화려했다고 후반전도 그러리라는 보장은 없다. 고통과 불행의 경우도 마찬가지다. 인생은 사건과 사건의 연속이며 선택과 결단이라는 순간의 집합이다. 어려움을 견디고 난관을 극복하기 위해서는 배워야 한다. 나는 인생 후반에 책과 토론, 글쓰기 등을 만나 새로운 길로 들어서 충실하고 행복한 삶을 살고 있다.

여행가를 꿈꾸다 뱃사람으로

막연하게 꿈꾼 만화가와 여행가

• • •

한글을 익힌 뒤 나는 만화에 빠졌다. 어린 나에게 만화는 별세계였
다. 내가 상상하고 꿈꾸는 모든 것이 그 안에 들어 있었다. 나는 용
돈이 생길 때마다 만화방에 갔다. 동네 만화방은 음습하고 찝찔한
지린내가 났지만 나에게는 편안하고 아늑하게 느껴졌다. 만화방은
나를 상상의 세계로 인도하는 비밀의 화원과도 같았다. 만화 속에는
수많은 영웅들이 있었고 그들은 내가 꿈꾸는 또 다른 나의 모습이었
기 때문이다. 그때 내가 좋아한 작품으로는 신동우의 『빵점이』, 김종
래의 『황금가면』, 산호의 『라이파이』 등이 있었다. 그렇게 만화를 좋
아하다 보니 어린 시절 나는 자연스레 만화를 그렸고 만화가를 꿈꾸
었다. 게다가 내가 그린 만화는 친구들 사이에서 꽤 인기가 있었다.

어린 시절부터 드나들기 시작한 만화방은 환갑의 나이가 된 지

금도 나에게 편안한 휴식처이다. 요즘에도 머리가 복잡할 때면 종종 만화방에 간다. 그곳에서 먹는 짜장면과 캔 커피는 유달리 맛있는데 아마도 청춘의 맛이자 추억의 향기이기 때문일 것이다.

만화를 그리다 보니 그림에도 소질이 있었던지 초등학교 시절 교내외 사생 대회에 나가서 상을 여러 번 받았다. 미술학원에 다니거나 따로 그림 공부를 한 적도 없었다. 그저 좋아서 시작한 그림이었다. 중학교 때는 미술부원이 되어 학교 수업이 끝나면 화판과 물감, 이젤을 들고 그림을 그리러 들로 산으로 쏘다녔다. 미술 대회에 나가서 몇 번 입선을 하기도 했고 중학교 3학년 때는 미술부장을 맡기도 했다. 그런데 도시에 있는 고등학교로 진학해 학교 미술부를 찾아갔더니 나를 제외한 모두가 미술 특기생이었다. 그림을 전공하려는 아이들이 모여서 데생을 하는 곳이라 순수하게 그림이 좋아 그리던 나는 2학년 때 그림에 대한 꿈을 접었다. 그저 내가 그리고 싶을 때 취미로 그리겠다고 생각한 것이다.

그때 나는 여행가가 되고 싶다는 꿈도 꾸고 있었다. 내게 그런 꿈을 심어 준 것은 아버지의 책꽂이에 꽂혀 있던 『김찬삼의 세계 여행』(전 10권)이라는 책이었다. 그 책을 읽으니 미지의 세계를 여행한다는 것이 그렇게 멋있어 보일 수 없었다. 덕분에 세계 일주를 하겠다는 꿈을 갖게 되었다.

당시 아버지의 책꽂이에는 책이 많았는데 대부분 어린 내가 읽기에는 어렵고 자극적인 내용의 책이었다. 나는 아버지 몰래 책을 읽으며 어렵다고 느끼면서도 왠지 모를 호기심이 피어올랐다. 지금도 기억나는 책이 『고금소총』과 『인간경영』이다. 『고금소총』은 옛이야기를 모은 것으로 골개와 해학, 어른들의 육담(肉談)이 많았다. 당시 나는 무슨 뜻인지도 모르는 채 성적(性的)인 이야기에 호기심이 있었던 것 같다. 『인간경영』 시리즈는 본격적인 일본판 비즈니스 소설이었다. 비즈니스 세계에서 벌어지는 간계와 협잡, 미인계 등이 책 속에 가득했다. 그리고 승리를 위해서는 어떤 짓도 서슴없이 하는 냉혹한 승부의 세계 또한 보여 주었다. 이 책에서도 내 관심은 남녀 관계에 집중되었다. 어린 시절 나는 호기심이 가득한 눈으로 책을 통해 어른들의 세계를 몰래 훔쳐보고 있었다. 내가 일찍 깨달은 독서의 즐거움은 어른의 야한 이야기로부터 시작되었다.

인생은 선택과 결정의 연속

• • •

나는 1956년생으로 베이비붐 세대이다. 당시는 중학교와 고등학교에 입학할 때 체력장과 입학시험을 다 봐야 하는 시절이었다. 나는 전주에 있는 명문 고등학교에 지원했다가 떨어지는 바람에 재수를 하고 다음 해에 수준을 낮춰서 이리(현재의 익산)에 있는 사립고에 진학했다. 큰형이 졸업한 학교였다.

고등학교에 들어가자 나는 갑자기 삶과 인생에 대해 궁금해졌다. '나는 누구인가? 무엇 때문에 사는기? 종교란 무엇인가?' 하는 의문을 느끼며 닥치는 대로 책을 읽고 친구들과 토론했다. 교회를 다니는 친구들이 무조건적인 믿음에 대해 말할 때마다 나는 "그런 식으로 맹목적인 신앙을 하지 말라"고 충고해서 신앙심이 강한 친구들이 나를 피하기도 했다. 친구들이 열심히 입시 준비에 매달릴 때에도 나는 질문에 대한 답을 찾기 위해 헤매고 있었다. 그래서 대학 전공도 철학이나 종교학을 하고 싶었지만 부모님의 반대로 공대 건축과에 지원하게 되었다.

인생은 선택과 결정의 연속이다. 서울의 한 대학 건축학과에 지원했다가 떨어지자 아버지는 목포의 해양전문학교(현 목포해양대학교)를 추천했다. 기관학과에 지원하여 8 대 1의 경쟁률을 뚫고 합격했는데 며칠 뒤 건축학과에서도 차점 합격 전보가 날아왔다. 내 속마음은 건축학과에 가고 싶었지만 해양전문학교는 국립이라 등록금이 공짜였기 때문에 목포로 향했다. 하지만 목포 생활은 1년 만에 끝났다. 성적이 미달되면 퇴교당하는 제도가 있어 친구를 도우려다 발각되어 책임을 묻게 된 것이다.

기왕 이렇게 된 김에 내가 원하는 공부를 하겠다고 생각하고 서울 누나 집에서 지내며 공부를 했다. 그때도 아버지는 돈이 들지 않는 공군사관학교를 권했다. 아버지는 "의식이 족해야 예절을 안다"며 먹고사는 문제가 가장 중요하다는 생각이 강하셨다. 아버지의 말을 거스를 수 없어 공군사관학교 시험을 봤으나 3차에서 떨어지고 말았다.

　나는 친구들보다 늦어진 2년을 따라잡으려는 마음으로 군산의 수산전문학교(현 군산대학교)의 기관학과에 입학했다. 5년 동안 기간산업체에서 배를 타면 특례보충력으로 군대를 면제받는 제도가 있었기 때문에 친구들보다 먼저 사회생활을 하면서 돈을 벌고, 외국 구경도 하고 외국어 공부를 하겠다고 생각한 것이다. 비록 2년제 학교였지만 고등학생에게 영어와 수학을 가르치면서 용돈을 벌었고 학교에서는 장학금도 받았다.

　졸업을 앞두고는 전공학과도 아닌 어업과 교수님이 나를 부르더니 수산회사를 추천해 주었다. 그러면서 어선에서는 빨리 기관장이 될 수 있으며 돈도 더 벌 수 있다고 했다. 어차피 5년만 배를 탈 것이니 빨리 기관장이 되어 돈을 많이 버는 게 좋겠다고 생각해 나는 졸업식에도 참석하지 않고 태평양으로 떠나는 참치 원양어선에 기관사로 승선했다. 그때만 해도 참치 원양어선이 얼마나 힘든 곳인지 알지 못했다. 이후 참치 원양어선을 타고 태평양에서 3년, 트롤어선으로 바꿔 타고 대서양에서 2년, 모두 5년 동안 어선에서 기관사 생활을 하게 되었다. 여행가라는 꿈이 뱃사람으로 바뀐 것이다.

인생은 여행이다

참치 어선에서 만난 인연

• • •

1979년 2월 17일 오후 5시, 나를 태운 200톤급 참치 원양어선 '한길 1호'는 부산항을 출항해 남태평양의 미국령 사모아 섬을 향했다. 사모아는 한국 최초의 원양어업 전진기지였다. 참치 어선들은 그곳에서 참치를 하역하고 배를 점검한 뒤 출항하면 3~6개월 정도 망망대해에서 어로 작업을 한다. 배에서는 주로 생선이 반찬이다. 그중에서도 참치 미끼로 쓰는 꽁치를 많이 먹었는데 그때 하도 먹어서 지금은 꽁치를 별로 좋아하지 않는다.

당시에는 대학 기관학과를 나와서 참치 기지선을 타는 경우가 거의 없었다. 하지만 나는 그런 정보조차 모르는 풋내기였다. 그곳에서 나는 평생 인연을 맺게 되는 최 기관장을 만났다. 내 나이는 20대 초반이었고, 그는 30대 초반이었다. 집안 형편이 어려워 학교를 포기하고 배를 탔다는 그는 독학으로 기관사 면허를 따고 실력을 인정받은 기관장이었다.

최 기관장은 첫 만남에서 내게 말했다.

"원양어선에서 책임자를 하려면 세 가지 중 하나가 필요해. 실력이 있거나, 말빨이 좋거나, 그것도 아니면 주먹이라도 세서 아랫사람들을 확실히 휘어잡아야 해."

그는 세 가지를 모두 갖춘 사람이었다. 게다가 최 씨에, 옥니에, 곱슬머리에, 경상도 출신인데다 기관장으로서의 자존심과 일에 대한 책임감이 확실한 사람이었다. 하지만 늘 자신의 부족함을 배움으로 채워 가는 겸손한 사람이었다. 한번은 내가 기관원들의 군기를 잡아야 하는 일이 벌어졌는데 그때 기관장의 충고 덕분에 공사 구분을 확실히 하고 팀워크도 살릴 수 있었다.

최 기관장은 낡은 배를 타면서 32개월 동안 한 번도 기관 문제로 조업에 지장을 준 적이 없는 철두철미한 사람이었다. 게다가 인정 많고 리더십이 있으며 공정한 사람이었다. 항상 "윗사람을 잘 만나는 것도 복이지만, 아랫사람을 잘 만나는 것은 더 큰 복이다"라고 말했는데 맞는 말이다. 그는 나를 만난 것이 행운이라고 했지만 나 역시 그를 만난 것이 행운이었다.

최 기관장은 메모를 하는 습관이 있었다. 머리맡에는 늘 메모판이 있어서 수리할 곳, 점검 사항, 항구에 들어가면 청구할 것 등을 써 두었는데 그의 모습을 본받아 나도 배에서 메모 습관을 갖게 되었다.

공부에 대한 고민이 시작되다

• • •

분노와 결핍은 생존의 힘이다. 4년제 대학을 졸업하지 못한 것이 내내 자존심을 건드렸다. 나는 항상 다짐했다.

'내가 너희들만큼(고교동창생) 공부를 했는데 왜 내가 대학을 못 나와 기가 죽어야 해? 나는 반드시 다시 공부할 거다!'

사실 한길1호에 승선하면서부터 공부에 대한 나의 고민도 시작되었다. 4년제 대학을 나오지 못했다는 결핍이 나의 자존심에 상처를 주었고 그것은 분노에 가까웠다. 그리고 미련과 아쉬움까지 더해서 반드시 다시 공부를 하리라 마음먹고 있었다. 그런데 200톤 작은 배에서는 공부할 공간이 없었다. 별도로 사관실이 있는 것도 아니었고 그나마 쓸 수 있는 작은 식당은 나에게만 허락된 곳이 아니었다. 이층 침대는 겨우 몸을 누일 수 있는 정도이다 보니 배에서 일하면서 공부하겠다는 꿈이 산산조각 났다. '이럴 줄 알았다면 차라리 교대를 갈걸' 하는 후회도 많이 했다. 당시 교대는 2년제에 군대 면제도 받던 시절이었다. 그런 생각이 자꾸 들자 빨리 배에서 도망치고만 싶었다.

기계 속에 손가락을 집어넣고 스위치를 누를 생각도 했다.

'그래 손가락을 하나 자르자. 사고가 난 것처럼 꾸며 귀국하자.'

하지만 마음을 다잡았다. 겨우 5년인데 이걸 참지 못한다면 인생에서 어려운 일이 닥칠 때마다 도망치게 될 거라는 생각이 들었다.

나는 고민 끝에 기관장을 찾아가 속마음을 털어놓았다.

"나는 5년만 배를 탈 겁니다. 군대 면제를 받으면 대학에 편입해서 원하는 공부를 하고 싶습니다. 공부를 하고 싶은데 배에서는 공간이 없습니다. 당직 중에 기관실에서 책을 볼 수 있게 허락해 주십시오. 문제가 생기지 않도록 열심히 하겠습니다."

그러자 기관장은 자신도 공부에 대한 아쉬움이 남았던 터라 흔쾌히 허락해 주었다. 나는 기관실에 책상을 놓고 당직 중에 책을 읽으며 공부를 시작했다. 영어와 일본어, 한자, 인문서를 읽었으며 가고 싶은 대학을 정해 편입 준비도 시작했다. 기관실은 덥고 시끄러웠지만 그건 문제가 되지 않았다. 나는 처음 사회생활을 시작한 배 안에서 여러 문제에 맞닥뜨렸지만 잘 헤쳐 나가고 있었다.

지금 생각해 보면 인생은 여행이자 학교이다. 경험은 모두 인생 수업이고 인생 공부는 시작은 있되 끝은 없다. 돌이켜 보니 만나는 사람들이 모두 선지식(善知識)이고 스승이나 마찬가지였다.

삶의 현장에서 배우다

이상과 현실은 다르다

• • •

배를 탄다고 하면 사람들은 '마도로스'를 떠올리며 멋있다고 생각한다. 만약 여객선이나 상선에서 일한다면 항해사나 기관사를 마도로스라고 불러도 좋다. 멋진 제복도 입고 있을 테니 말이다. 하지만 어선의 경우는 좀 다르다. 말 그대로 작업선이다. 바람이 불어도, 파도가 쳐도, 비가 와도 고기를 잡아야 한다. 농부가 비 온다고 쉬고 바람 분다고 놀던가? 악천후에도 우의를 입고 파도 속에서 하루 종일 일해야 한다. 그리고 발밑은 지옥이다. 한길1호는 어기마다 사고로 1명씩 바다에 떨어져 실종되거나 사망한 징크스를 가진 배였다. 선장과 기관장은 늘 사고에 대비하라고 주의를 줬다. 다행히 내가 작업한 어기 동안 사망 사고는 없었다. 가오리 침에 찔리거나 양승기에 손가락이 끼는 작은 사고만 몇 건 있었을 뿐이다. 나에게 배는 삶과 죽음이 공존하는 살벌한 일터였다.

어느 직장에서나 필요한 사람은 어떤 사람일까? 바로 주인처럼 일하는 사람이다. 나는 일 못한다는 소리를 듣고 싶지 않았지만 학교를 나와 면허를 딴 기관사여서 책상물림 백면서생이었다. 배에서 제대로 실습한 경험도 없어 명색이 기관사였지만 실력은 바닥이었다. 게다가 배에서 사용하는 용어도 알지 못해 종종 "대학 나온 놈이!"라는 핀잔을 들었다. 하지만 처음에는 누구나 바닥부터 시작하는 거다.

일하는 방법이나 자세는 기관장에게 배웠다. 그는 "일을 할 때는 하는 일을 확실히 해라. 절대 두 번 손이 가지 않도록 해라.", "대충하지 마라.", "원칙대로 하라"고 가르쳐 주었다. "사람은 거짓말을 해도 기계는 거짓말을 하지 않는다"는 것이 그의 지론이었다. 취급설명서를 기본으로 매뉴얼을 만들어 기계들을 점검하면 30년이 된 노후선이어도 고장이 나지 않았다. 매뉴얼대로 안 하기 때문에 문제가 생긴다. 내가 그때 배운 것을 실생활에 활용한 것이 자동차의 차계부를 쓰는 습관이다. 내가 탄 차들은 모두 주행거리가 30만 킬로미터를 넘었고 10년 이상 탔다. 그것이 가능했던 이유는 취급설명서대로 차를 점검하고 부품을 교체했기 때문이다. 기계는 거짓말을 하지 않는다. 게으른 인간이 핑계를 댈 뿐이다.

기관장은 내가 일에 익숙해지자 "됐다. 앞으로 네가 알아서 일하고 보고만 해라. 문제가 생기면 내가 뒤에서 책임지겠다"며 내게 책임을 맡겼다. 얼마나 멋진 상사인가! 일을 맡기면 과정에 참견하지 않고 결과로 평가하는 리더였다. 일하는 사람이 스스로 고민하고 생각하면서 능동적이고 창조적으로 일하기를 주문했다. 하지만 만나면 헤어지고 헤어지면 만난다는 말이 있지 않은가. 32개월 만에 어기를 마치고 귀국하면서 나는 최 기관장과 헤어졌다. 내게는 해야 할 공부가 있었다.

나는 대서양의 한국 원양트롤어선의 전진기지인 스페인령 카나리아 제도의 라스팔마스로 갔다. 트롤어선은 배도 크고 시설도 좋고 작업 환경도 편했다. 참치 어선에서 익힌 기술 덕분에 일도 수월했다. 태평양에서 보낸 3년은 힘들었지만 그것이 나를 만드는 원동력이 되었다. 게다가 최 기관장이라는 훌륭한 선배에게 뱃사람의 강인함, 엔지니어로서의 자세, 일하는 방식 등을 배울 수 있었던 것도 행운이었다. 그는 한길1호를 마지막으로 은퇴해 사모아 섬에 있는 한 회사에 스카우트되었다가 몇 년 뒤 그 회사를 인수하여 사업가가 되었다. 나는 7년 뒤 사장이 된 그와 다시 만나 그의 회사에서 일하게 되었다.

　　　　　　　　　　　　　　　| 은퇴자의 공부법 |

배우면서 일하고, 일하면서 배우다

학교로 돌아가다
• • •

대서양의 트롤어선에서 2년을 더 버티고 군대 문제가 해결되자 한국으로 돌아가 공부를 할 생각에 가슴이 뛰었다. 그런데 같이 배를 탄 친구와 선장이 1년만 더 있으면 기관장이 된다, 돈도 많이 벌 수 있다며 나를 설득했다. 하지만 내 생각은 변함이 없었다. 선장이 하선을 허락하지 않아 결국 비용을 자비로 부담하고 나는 1984년 12월 귀국길에 올랐다. 한국 김포공항에 도착한 날은 12월 25일 크리스마스였다.

나는 대학 3학년에 편입해 공부를 하다가 갑자기 엉뚱한 생각이 들었다. 5년간 바다에서 제대로 공부를 못했으니 아예 기초부터 시작하는 것이 어떨까 해서 담당자와 상담을 하고 1학년부터 시작한 것이다. 10여 일 동안 만났던 3학년 동기들의 이상한 눈초리도 신경

쓰지 않았다. 그저 나는 내가 원하는 공부를 하고 싶었을 뿐이었다. 그런데 재미있는 일이 1년이 지나 친구의 소개로 공무원 생활을 하다가 학교에 들어온 세 살 아래의 2학년생을 알게 되었다. 공부도 잘하고 대화도 잘 통해서 그 친구와 함께 공부하고 싶어 다시 3학년으로 편입했다. 당시 같이 학교를 다녔던 선후배의 족보가 나 때문에 꼬이고 말았다.

대학을 졸업하고 5년간 승선한 경력을 인정받아 수산회사에 대리로 특채되었다. 회사 내 분위기는 좋았고 안정된 직장이었지만 내 마음은 콩밭에 가 있었다. 미국에서 대학원을 다니고 박사 학위를 받아 와서 교수가 되고 싶었던 것이다.

그때 사모아에서 사업하는 최 사장(전 한길1호 기관장)과 연락이 닿았다. 내가 미국에서 공부하고 싶다고 하니 마침 회사 책임자가 귀국해서 자리가 공석이니 사모아로 오라고 했다. 그곳에서 일하다가 준비해서 미국으로 가라는 것이었다. 나는 회사에 미련 없이 사표를 던졌고, 대학 영어과에 편입해 공부하던 것도 3월에 졸업하고는 사모아로 떠났다. 그때 작은형은 내게 "꿈을 가지고 사는 네가 부럽다"고 말했다.

당시 일기장에는 이렇게 적혀 있었다.

"인간은 꿈을 꾸고, 꿈을 먹고, 꿈을 호흡하고, 꿈에 취해서 살 권리가 있다."

비즈니스는 전쟁이다

• • •

최 사장은 7년 전 내가 알고 있던 그 기관장이 아니었다. 능력 있는 사업가로 변신해 있었다. 그의 곁에 있으면서 일을 배우고 2년 뒤인 1990년 9월, 가을 학기에 뉴욕의 모 대학원에 입학했다. 바쁜 와중에도 미국에서 공부하는 후배를 통해서 학교의 지원서를 받아 서류를 만들어 보냈더니 입학 허가서가 왔다. 그것을 가지고 뉴질랜드 미국 영사관을 통해 학생 비자도 받았다.

회사는 계속 성장 중이었고 최 사장은 괌에 지사를 낼 생각이니 나에게 2년만 괌 지사장을 맡아 달라고 부탁했다. 이미 대학에서 입학 허가서를 받았고 비자도 받았기에 포기할 수가 없었다.

미국에서 공부하면서 첫 번째 장벽은 역시 언어였다. 영어 공부를 위해 토플(Test of English as a Foreign Language) 점수를 땄지만 실력이 부족했다. 교수가 외국인 학생들의 어학 실력에 맞춰 강의를 하는 것도 아니었다. 입학한 9월 학기에 ESL(English as a Second Language) 코스와 학과 공부를 병행했다. 두 과목을 신청하고 수업에 들어갔는데 문제는 듣기(Listening)였다. 알아들을 수가 없으니 강의 내용을 이해하기 힘들었다. 과제는 미국 친구의 도움을 받아 어찌어찌 해결했지만 수업 시간에는 질문은커녕 꿀 먹은 벙어리처럼 앉아 있었다. 누가 질문할까 두렵기만 했다. 하지만 강의가 끝나고 친구들과 일상적인 대화를 나눌 때는 친구들이 내 말에 귀를 기울이고 쉬운 표현을 써 주어서 덕분에 회화 실력이 많이 늘었다.

어려운 시험은 문장을 통째로 외우는 방법을 썼다. 좋은 문장을 만들어 낼 수가 없으니 만들어진 문장을 외워서 쓰는 것만이 내가 할 수 있는 최선이었다. 한번은 시험 시간에 머릿속이 하얘지는 바람에 백지 답안지를 낸 적도 있었다.

그렇게 1년쯤 지나자 조금씩 귀가 열리기 시작했고, 수업 중에 한두 번 발언을 하기도 했다. 전공을 공부하는 건지 영어 공부를 하는 건지 헷갈렸지만 그렇게 걸음마를 걷는 것처럼 공부를 해 나갔다.

내가 다닌 학교는 1년이 3학기제로 운영되고 있어 1년 반 동안 5학기를 마쳤다. 그런데 학비와 생활비가 빠듯했다. 그래서 학비를 벌기 위해 당시 엔고로 환율이 좋았던 일본에서 8개월간 막노동을 하고는 한국으로 귀국했다. 2년간의 미국 비자가 만료되어 다시 비자를 받아야 했기 때문이다. 귀국해서 당시 부산에 있던 최 사장을 찾아갔다. 비자 서류를 준비하는 데 재정보증을 해달라고 부탁했더니 흔쾌히 서류를 해 주었다. 서울에 올라와서 미국 대사관에서 학생 비자를 다시 받고 출국하기 전, 인사차 부산에 들렀더니 최 사장이 한 학기만 휴학하고 부산 지사를 맡아 달라고 부탁했다.

또 다시 거절하기는 미안해서 한 학기만 휴학하자고 마음먹고 부산에 주저앉았다. 하지만 그때는 다시 학교로 돌아가지 못할 줄은 상상조차 하지 못했다.

나는 회사에서 전무로 일하면서 공부를 시작했다. 경영에 대해 알아야 했기 때문에 부산 수산대학의 최고경영자과정을 최 사장과 함께 마쳤다. 그런 뒤에도 대학원에 입학하여 주경야독(晝耕夜讀)했다. 낮에는 근무를 하고 밤에 대학원에 가서 경영학을 공부했다. 학비는 회사에서 부담해 주었고 회사 분위기도 좋았다. 최 사장은 열린 경영을 기본으로 하였으며 내게 일을 맡기고는 전적으로 신뢰하고 밀어 주었다.

그런데 성장일로에 있던 회사가 한순간에 무너지고 말았다. 사업을 확장하고 더욱 의욕적으로 일을 하던 중에 선박의 고장과 화재 등으로 회사에 위기가 찾아왔다. 결국 회사를 포기해야 하는 시점이 왔고 최 사장은 최대한 빚을 갚고 정리한 다음 사모아로 떠났다. 나에게도 사모아로 가자고 권했지만 남은 일들을 깔끔하게 정리하고 싶어 한국에 남았다. 직원들에게 빌린 돈과 퇴직금을 정산해 준 다음 다른 회사로 보내고 나니 나만 홀로 남았다. 게다가 은행에 회사 대출의 연대보증인이었기에 졸지에 신용불량자가 되고 말았다.

성석제의 소설 『투명인간』의 주인공 '만수'처럼 나는 졸지에 투명인간이 되었다. 살아 있지만 금융상으로 죽어 있는 사람, 내 이름으로 어떤 것도 소유해서는 안 되는 사람. 다른 직장에 취직하는 것도 어려워졌다. 다행히 최 사장은 한국을 떠나면서 사모아에 수출하는 무역 부분을 남겨 주었다. 나는 겨우 한 사람 월급 정도 나오는 일을 하면서 대학원을 졸업했다.

서울에서 새 출발하다

• • •

서울에 올라와 선배 회사에 적을 두었다. 미국에서 함께 공부했던 선배가 뉴욕에서 미디어 회사를 만들었다. 선배 회사는 대한교과서와 합작으로 교육 사업을 벌이고 있었다. 콘텐츠는 대한교과서가 제공하고 선배의 회사에서 제작해 대한교과서에서 마케팅과 판매를 하는 형태였다. 하지만 IMF를 겪으면서 사업이 어려워졌고 나중에 법적 다툼이 되었다. 나는 2년 동안 법정대리인이 되어 대한교과서로부터 위약금을 받아 분쟁을 마무리했다. 나는 선배의 추천으로 몇몇 회사를 전전했다. 그러다 수원의 어린이 학습지 영어나라 본부장직을 소개받았다. 영업부와 교육부에 300명이 넘는 여성들이 종사했는데 그곳에서 직원 교육을 하면서 강사로서 기본을 닦았다. 매일 조회 시간에 교육을 하고 직급자 교육도 선배와 함께 했다. 당시 나에게 자리를 소개해 준 선배는 교육 이사를 맡고 있었다. 영어 학원 사업이 자리를 잡자 사장은 화장품과 피부 마사지 사업에 손을 댔다. 나는 지사를 개설하고 준비하는 일까지 맡았고, 연봉도 50퍼센트나 올랐다.

그런데 사장이 빨리 손익 분기점을 넘기려는 욕심에 학원 운영에 참견을 하면서 자꾸만 의견이 충돌했고, 책임자였던 나는 결국 회사에 사표를 내고 정리했다.

회사를 나온 뒤 나는 전문 강사가 되기 위해 강사 프로그램을 수

강했다. 먼저 선배와 함께 카네기 교육을 받았는데 강사가 되기까지 국내외 여러 단계의 과정이 있었고 비용도 만만치 않았다. 그래서 다른 프로그램을 알아보다가 비전스쿨 강사 과정을 수강했다. 교육비가 외국 프로그램에 비해서 저렴했으며 프로그램도 좋았다. 내가 먼저 교육을 받고 선배에게 권했는데, 선배가 수원에서 청소년 교육 기관을 운영하는 이 총장에게 권해서 우리 세 사람은 그걸 계기로 3명이 공통투자해 비전스쿨 수원지사를 만들었다. 수원, 성남, 화성, 안성 등 경기도 일원에서 청소년 비전 교육을 시작해 교육 강사로서 외부에 출강하기 시작했다. 새로운 도전이었고 하루하루가 즐거웠다.

그러던 차에 선배의 제안으로 독서 모임을 시작했다. 비전스쿨을 운영하던 우리 세 사람과 IT기업을 운영하는 남 사장까지 네 명이 '성공클럽'이란 모임을 만들었다. 모임의 이름처럼 '성공'이 주제였다. 이 총장의 사무실에서 매주 책 한 권을 읽고 토론했는데 교육과 자기계발서 위주였다. 책에 대한 소감을 나누기도 하고, 각자 파트를 나누어 요약본을 발표했다. 혼자 읽을 때 가졌던 외로움이 어느 정도 해소되었다. 모임은 네 명으로 시작했지만 나중에 여덟 명으로 늘었다. 하지만 성공클럽은 정보와 지식을 나누는 한계를 벗어나지 못했다. 그래서 좀 더 깊이 있는 공부를 하고 싶다는 욕구가 글쓰기 공부로 진화하는 계기가 되었다.

책 읽기에
목표를 세워라

● 독서 목표를 세우고 달성하기

목표는 숫자로 정하라. 많이 읽겠다는 추상적인 목표는 세우지 않은 것과 같다. 1주일에 1권이든 한 달에 10권이든 자기 능력에 맞게 숫자로 제시해야 한다.

나는 2010년부터 독서 목표를 세웠다. 월 10권 읽기. 첫 해인 2010년에 95권, 2011년 114권, 2012년 144권, 2013년 132권, 2014년 100권을 읽었다. 2015년 9월 현재, 76권을 읽고 있다. 2010년과 2011년이 준비 기간이었다면 2012년과 2013년은 본격적으로 목표를 달성한 해이다. 하지만 2014년부터 책 쓰기에 돌입해 목표를 달성하지 못했다. 독서보다 쓰기가 우선이었다. 그렇지만 100권을 채우겠다는 목표를 달성하기 위해 2014년 12월 30일, 31일에 두 권의 책을 읽었다.

● 5년간의 독서 이력 분석

2008년부터 2010년까지 3년간 가장 많이 본 책은 성공학, 즉 자기계발서였는데 나중에 인문학 공부를 하면서 자기계발서의 한계를 깨달았다. 그리고 2010년에는 '기타' 분야가 37권인데 모두 '명상'에 관한 책이다. 연이은 사업 실패와 가까운 사람들로부터 받은 상처로 힘들 때 명상 공부를 하면서 읽었던 책들이다. 이처럼 독서 목록을 써 두고 그때 읽은 책 제목을 보면 당시의 상황을 한눈에 살펴볼 수 있다.

2011년에는 아들이 대학에 입학한 해여서 교육에 관한 책을 많이 읽었다. 그해는 강사로서의 삶을 막 준비하던 시기이기도 했다.

2011년 후반에 우연히 독서와 독서토론, 글쓰기 공부를 시작하며 2008년과 2009년에는 각각 한 권 읽었던 소설을 읽기 시작했다. 소설 읽기는 어휘력이나 문장력을 키우는 데 도움이 되기 때문에 글쓰기를 위해서라도 소설 읽기는 꼭 필요했다. 또한 소설은 전문서나 실용서와 달리 가슴 속을 후비고 내 안으로 들어오는 감동이 있었다. 책 읽기 공부를 제대로 하고 싶어서 '서양 고전 문학 과정'을 들으며 2011년 후반에 소설을 14권을 읽었다. 이후 2012년에 57권, 2013년에 48권, 2014년 28권으로 소설 권수는 대폭 늘어났다.

2012년부터 독서 목록에 등장한 책은 글쓰기 책이다. 2011년 4권, 2012년 11권, 2013년 10권이다. 글쓰기 책을 읽는다고 글이 잘 써지는 것은 아니지만 잘 쓰고 싶다는 절박함으로 읽었다. 스스로 습득할 때까지 연습하는 것 이외에 다른 방법이 없다는 것은 알고 있다. 글쓰기는 오직 글쓰기로만 좋아진다. 하지만 당시 읽었던 책들은 나중에 글쓰기 강사로 활동할 때 많은 도움이 되었다. 가르치기 위해서는 이론이 꼭 필요하기 때문이다.

이처럼 자신의 독서 목록을 써 두고 분석하면 전체적인 독서 성향을 알 수 있고, 부족한 분야나 필요한 책들을 읽으며 더욱 다양하고 깊이 있는 독서 이력을 가질 수 있다. 그리고 이는 나중에 자신이 하고자 하는 일과도 자연스럽게 연결된다. 나는 독서토론 강사로 활동하면서 도서 선정을 위해 동화책과 청소년소설도 읽고, 독서지도법에 대한 책도 읽게 되었다.

● 독서 습관을 갖기 위한 방법

✓ 독서 목표를 세워라
몇 권을 읽을지 어떤 책을 읽을지 미리 결정하라. 목표가 있으면 자동적으로 달성하려는 의지가 작동한다.

✓ 평소에 읽고 싶었던 책을 목록에 넣어라
처음부터 어려운 책이나 보여 주기 위한 독서는 지속적으로 책을 읽기 힘들게 한다.

✓ 인문학, 사회 과학, 자연 과학 등 다양한 분야의 책을 섭렵하라
균형감 있는 '교양 독서'가 필요하다. 대개 독서가들은 편독을 하기 때문에 자기가 좋아하는 분야의 책만 읽는다. 편독은 편식과 같다. 편식이 몸에 불균형한 영향을 제공하는 것처럼 편독은 정신적으로 편중된 생각을 갖게 만든다.

✓ 독서토론에 참여하라

도서관에서 진행되는 모임이나 지인들과 모임을 만들어 책을 읽고 이야기를 나누면 책의 내용을 자신의 것으로 만들 수 있다. 또한 평소에 읽지 않는 책을 읽을 수 있고 다른 세대와 소통할 수 있는 계기가 된다. 함께 읽으면 외롭지 않다.

오늘도 나는 쓴다

가족의 비밀이 밝혀지다

• • •

"글쓰기 공부를 시작했는데 재미있네. 자네도 하는 게 어때? 자네도 책 쓰는 꿈을 가지고 있잖아!"

선배의 권유로 분당의 한겨레문화센터 글쓰기 입문반에 등록했다. 글쓰기가 절실한 꿈은 아니었지만 6주 과정이 끝나자 글쓰기 공부를 계속해야겠다는 생각이 굳어졌다. 쇠는 불에 달궈졌을 때 두드려야 다룰 수 있듯이 마음이 움직였을 때를 놓치지 말아야 한다.

수업 중에 글쓰기 과제로 '할아버지 이야기'를 써야 해서 할아버지의 과거를 찾기 시작했다. 할아버지는 내가 태어나기 3년 전에 세상을 떠나셨다. 생전에 만난 적이 없는 할아버지였지만 나에게는 멋진 분이라는 인상이 남아 있었다.

할아버지는 구한말 개화기에 충남 논산에서 5형제 중 둘째로 태어났는데 형제 중 가장 뛰어나 일본 유학도 다녀오셨다. 그러니 개화파이자 선각자이며 새로운 세상을 꿈꾸시던 분이 아니었을까 하는 생각이 있었던 것이다. 일본 유학에서 돌아와서는 대한제국에서 관리로 일하다가 나중에는 군수까지 역임하고 은퇴하셨다.

집안에서 찾을 수 있는 할아버지에 대한 자료는 아버지의 증언과 사진 몇 장뿐이었다. 그래서 자신의 조상 찾기를 통해 소설 『뿌리(roots)』를 쓴 소설가 알렉스 헤일리처럼 할아버지에 대해 조사하기 시작했다. 먼저 호적을 뒤졌다. 호적을 보고는 아버지가 할아버지의 군수 시절을 기억하지 못하는 이유를 알아냈다. 할아버지는 첫 부인 안동 김씨가 딸 둘을 남기고 세상을 떠나자 43세에 다시 장가를 가셨다. 내가 할머니라고 부르는 분과 말이다. 할머니는 결혼 후 아들 삼형제를 낳으셨는데 그중 장남이 아버지였다. 할아버지가 군수에서 물러나실 때 아버지는 고작 네 살이었다. 네 살이었던 아버지가 어떻게 할아버지의 행적을 기억하겠는가.

은퇴 후 할아버지는 오랫동안 집을 떠나셨다고 한다. 왜 그러셨는지 이유를 아는 사람도 없었다. 그런데 할아버지의 공직 생활에 대한 자료를 도서관에서 찾게 되었다.

2010년 민족문제연구소에서 『친일인명사전』을 발간했다는 기사를 읽었다. 일제 초기에 군수를 하셨으니 혹시 친일파 명부에 할아버지 이름이 있지 않을까 하여 도서관에 달려가 찾아보았다. '역시나' 할아버지 이름이 올라 있었다. 자료를 통해 미스터리였던 할아버지의 50년 삶을 짜 맞출 수 있었다.

할아버지는 1896년 20세 때 일본에 유학하는데, 구한말 대한제국에서 새로운 시대를 감당할 인재를 키우고자 1895년 선발한 제1회 관비유학생 200명 중 한 명이었다. 할아버지는 일본 도쿄의 게이오기주크에서 보통과와 중등과를 마치고 정치과에서 공부하던 중 집안 사정으로 3년 만에 귀국했다. 그리고 1900년에 대한제국의 농상공부에서 공직 생활을 시작했다. 1913년 군수로 승진해서 충남, 전북, 충북 등지에서 군수로 일하다 1924년 단양군수를 마지막으로 퇴직했다. 이것이 『친일인명사전』을 통해 밝혀진 할아버지에 대한 기록이었다.

할아버지의 행적을 찾았지만 마음이 편치 않았다. 내 할아버지가 친일파라니! 할아버지가 젊은 나이에 유학을 떠나면서 어떤 포부를 가지고 있었는지, 조국으로 돌아와 공직 생활을 시작했을 때 어떤 마음으로 나라와 민족을 위해 일하려고 했는지는 알 수 없었다. 을사늑약으로 외교권을 빼앗기고, 경술국치로 나라를 빼앗겼을 때 할아버지의 심정은 어떠셨을까. 왜 퇴직 후에 오랫동안 가족을 떠나셨을까. 다행히 말년에는 집으로 돌아오셔서 세상을 떠나셨다고 하는데 아버지는 할아버지에 대해 다른 말씀이 없으셨다.

나는 민족문제연구소 홈페이지 회원으로 가입하고 게시판에 글을 올렸다.

"저는 친일파의 손자입니다. 역사와 민족 앞에 사죄드립니다."

| 은퇴자의 공부법 |

얼마 후 연구소의 사무국장으로부터 만나자는 연락이 왔다. 집 근처까지 찾아와서는 내 글을 민족문제연구소 소식지에 싣고 싶다고 했다. 사회적 반향을 일으킬 거라는 말에 가족회의를 하고, 형제 친척들에게 의향을 물었다. 모두 동의해 주었다.

민족문제연구소 소식지에 내 글이 실리자 인터넷 포털사이트와 매스컴에서 난리가 났다. 당시 친일파 후손들의 땅찾기 소송이 사회적으로 큰 이슈였기 때문이다. 결국 이것 때문에 MBC 라디오 '손석희의 시선집중' 인터뷰도 하게 되었다. 1년 뒤인 2012년 광복절에는 『서울신문』에 칼럼도 쓰게 되었다. 한 사회부 기자로부터 요청이 와서 '친일 할아버지, 무사유의 죄'라는 제목으로 편지 형식의 칼럼을 썼다. 그러니 그 기사를 보고 CBS 라디오 '김미화의 여러분'에서 인터뷰 요청이 왔다. 1년 전보다는 훨씬 침착하게 솔직한 이야기를 할 수 있었다. 칼럼을 보고 "자신의 할아버지에 대해 그렇게 평가해도 되냐"는 질타 섞인 전화를 받은 적도 있었다. 아마 그도 나와 비슷한 가족사를 가지고 있었던 건 아닐까.

나 역시 남들이 붙여 준 친일파의 후손이라는 낙인이 달갑지는 않았다. 그래서 오래 고심하던 중 유대인 철학자 한나 아렌트의 『예루살렘의 아이히만』을 읽고 답을 찾았다. 예루살렘에서 진행된 나치 장교 아이히만의 재판 과정을 방청한 그녀는 아이히만의 죄를 '철저한 무사유(無思惟)' 혹은 '악의 평범성'이라 명명했다. 그는 조직이 요구하는 일에 최선을 다한 근면하고 성실한 관리였다. 문제는 자신이 하고 있는 일이 정당하고 선한 것인가를 판단하지 않았다. 조직 안에 있는 개인은 거대한 기계 속에 들어 있는 하나의 작은 부속품에 불과하다. 일제 식민지에서 군수를 한 할아버지나, 독립투사들을 고문하고 살해한 악랄한 친일 경찰, 민주화 투사를 빨갱이로 몰아 고문한 공안 경찰도 평범한 사람들이다.

신영복은 『담론』에서 감옥에 잡혀가 전기 고문 당할 때의 경험을 얘기한다. 고문을 당하는 중에 취조관이 의무실에 전화를 걸어 자기 아이의 감기약을 부탁하는 전화 통화를 들었다고 한다. 남의 아들을 전기 고문을 하는 사람이 자기 딸의 감기를 걱정한다는 극적인 대비를 '슬픔'이었다고 고백한다. 아렌트는 책에서 누구나 그런 환경에 처하면 동일한 행위를 할 수 있다고 경고한다.

본격적으로 시작된 글쓰기 공부

• • •

할아버지에 대해 글을 쓴 것이 나를 본격적인 글쓰기의 세계로 안내했다. 글쓰기 공부를 제대로 하고 싶어 2011년 10월, 숭례문학당의 글쓰기 과정에 등록했다. 처음에는 독후감인지 서평인지도 분간이 되지 않는 정체불명의 글을 썼다. 글의 절반 이상이 줄거리 요약이었고, 작품에 대한 나의 해석과 감상을 쓴다는 게 어색하고 불편했다. '내가 어떻게 작가의 글을 평할 수 있을까?' 하는 생각도 들었다.

어떤 때는 첨삭을 받고 자신에게 화가 나서 일주일 동안 글 한 줄도 못 썼다. 하지만 글쓰기를 포기할 수 없었다. 결국 자신과의 싸움이었다. 글쓰기는 오직 글쓰기로만 향상된다.

아르헨티나 작가 보르헤스는 글쓰기에 대해 "글쓰기에 마법 같은 비결이란 없다. 다만 계속 쓸 뿐이다. 거기서 마법이 나올 때까지 계속해서 쓰는 것이 유일한 비결이다"라고 말한다. 나는 이 말을 책상 앞에 붙여 놓고 매일 세 번씩 쓰면서 교훈으로 삼았다. 작가들은 끊임없이 쓰고 또 쓰는 사람들이다. 소설가 김훈은 '필일오(必日五)' 즉 매일 원고지 5매가 목표라고 했다. 철학자 강신주는 매일 강의와 교육을 마치고 한밤중에 집에 돌아와 새벽까지 원고지 10장을 쓴다고 한다. 동양철학자 김용옥은 매일 원고지 50매를 쓴다고 했으며 영국 소설가 앤서니 트롤럽은 하루에 7쪽씩 매일 썼다고 한다. 얼마나 철저한지 소설을 완성한 날에도 하루 목표를 써 내려갔다는 것이다. 『북회귀선』의 작가 헨리 밀러는 자신의 할 일 11계명에서 언제나 "제일 먼저 할 일은 글을 쓰는 일"이라고 했다. 유명한 작가들의 이런 자세는 내게 큰 자극이 되었다.

고전 문학 과정을 하면서 글쓰기 과정도 동시에 수강했다. 글쓰기 대학원에 입학했다고 생각하고 2년 동안 시간과 노력을 투자하겠다고 결심했다. '책통자 글쓰기 과정'에서 소설을, '글통자 글쓰기 과정'에서는 인문학 도서를 읽고 서평을 썼다. 글쓰기도 반드시 코치가 필요하다. 일단 과제 제출이라도 충실하자고 다짐하며 제출 기한을 한 번도 어긴 적이 없었다. 그러면서 글쓰기의 힘을 알고 나니 포기할 수 없었다.

나는 글쓰기 실력을 향상시키려고 여러 방법으로 노력했다. 어휘사전을 만들어 내가 활용할 어휘들을 모았다. 그리고 되도록 많이 쓰려고 했다. 영화를 보면 영화 후기를 썼고, 연극을 보면 연극 후기를, 여행을 하면 여행 후기를 썼다. 또 독서토론을 진행하면 반드시 보고서와 후기를 썼다. 많이 쓰면 좋은 글이 나오는 법이다. 글쓰기에는 양(量)의 법칙이 적용된다. 글의 수준을 결정하는 것은 많이 쓰기에 달려 있다.

글쓰기 습관을 들이기 위해 먼저 '100일 글쓰기'에 도전했다. 석 달 열흘 동안 계속하다 보면 습관이 되지 않을까 해서다. 몇몇 강사들과 '100일 서평 필사클럽'을 만들어 함께 전문가들의 서평을 필사했다. 좋은 글을 읽는 것을 넘어서 쓰는 방식을 이해하기 위해서였다. 지금도 온라인 카페에서 동료들과 논리적인 글쓰기 훈련인 '칼럼클럽'을 진행하고 있다.

글쓰기 훈련으로 좋은 수단 중 하나가 블로그 글쓰기다. 글쓰기 공부를 시작한 지 몇 달 뒤인 2012년 봄 블로그를 시작했다. 당시 중학교 1학년이던 딸이 블로그를 만들어 주었다. 글쓰기 과정에서 첨삭을 받은 글들이 있어서 용기를 내 블로그에 올리니 방문자들이 하나둘 생기기 시작했다. 하루에 10명이 넘게 들어오는 날은 가슴이 두근거렸다. 50명, 100명 그러다 200명이 넘던 날은 하루 종일 행복했다.

'블로그와 SNS(Social Network Service)는 21세기 원고지'이다. 읽을 책은 넘쳐 나고 쓰고 싶은 주제는 풍성하며 일방통행이 아닌 쌍방형 글쓰기가 가능하다. 신영복도 혼자 있는 독방보다 다른 사람들과 함께 있는 일반방이 훨씬 좋다고 말했다. 그가 감옥에서 깨달은 것은 인간은 혼자가 아닌 관계적 존재라는 것이다. 그는 감옥 창문을 통해 들어오는 햇빛 때문에 자살을 포기했다고 한다. 그러면서 그곳에서 살아가는 이유는 공부와 깨달음이었다고 말한다.

읽기와 쓰기도 마찬가지이다. 혼자 읽는 책보다 함께 읽는 독서토론이 즐겁고, 혼자만의 글쓰기보다 함께 나누는 글쓰기가 더 행복하다. 오늘날과 같은 지식정보화 시대에는 언제든지 사람들과 접속할 수 있고 나와 생각을 나눌 사람들은 남녀노소를 불문하고 도처에 널려 있다. 이때 연결고리가 되는 글쓰기는 창조적인 지적 작업에 동참할 수 있는 도구가 된다.

글쓰기에
도전하라

● 노년의 글쓰기는 지적 동반자

책 읽기를 하고 독서토론을 하다 보면 결국에는 글쓰기 단계에
도달하게 된다. 작가 조지 오웰은 『나는 왜 쓰는가』에서 글쓰기 욕
구를 네 가지로 설명한다. 남에게 돋보이고 싶은 사적 욕망, 언어 자
체의 아름다움을 표현하고 싶은 미학적 열정, 진실을 전하고 싶은
역사적 충동, 세상을 변화시키고 싶은 정치적 목적 등이다.

인간은 누구나 표현하고 싶은 욕구를 가지고 있다. 또 다른 사람
에게 자신의 글을 읽히고 싶은 욕망도 있다. 글쓰기 단계에 이르면
'화려한 노후 준비'는 끝낸 셈이다. 노년을 외롭지 않게 보내기, 정
신적으로 충만해지기를 원하는 사람에게 글쓰기는 훌륭한 지적 동
반자가 된다. 그렇다면 어떻게 해야 글쓰기를 시작할 수 있을까? 내
가 실천한 몇 가지 방법을 소개하고자 한다.

● 나만의 글쓰기 실천 방법

✓ 글쓰기 강좌에 등록하라

글을 쓰려면 일단 자기 성장을 위한 투자가 필요하다. 처음에는 교육 시스템에 자신을 몰아넣는 게 좋다. 가장 효과적인 방법은 글쓰기 강좌를 신청해서 차근차근 배워 나가는 것이다. 속도보다는 방향이 더 중요하다. 기초를 제대로 해 놓으면 나중에 속도를 내는 것은 그리 어렵지 않다. 일단 일반 글쓰기 과정을 충실하게 마치고 다음 과정으로 나아가면 된다.

✓ 발췌록을 만들어라

글쓰기의 80퍼센트는 재료에서 나온다. 재료가 곧 글감이다. 요리를 할 때 식재료가 준비되어야 하는 것처럼 글쓰기에도 재료가 필요하다. 직접 경험, 간접 경험이 모두 재료가 되고 경험의 대부분은 간접 경험이다. 간접 경험에는 들은 것, 본 것, 읽은 것 등이 있다. 그러므로 독서를 통해서 최고의 재료를 얻을 수 있다.

책을 읽으면서 좋은 글, 문장이 나오면 적어 두어야 한다. 광고인 박웅현은 광고 아이디어의 상당 부분을 독서를 통해서 얻는다고 말한다. 한 권의 책을 읽으면 발췌 글이 A4 용지로 10매 이상이라고 한다. 신선한 재료가 음식 맛을 좌우하듯 글을 쓸 때 발췌는 좋은 재료가 된다. 어떤 면에서 보면 글쓰기는 편집력이라고도 할 수 있다.

글을 쓰려면 먼저 발췌록부터 만들어라.

✓ 작품을 선정해 필사하라

소설가 조정래는 "필사를 할 때는 마침표 하나도 똑같이 베껴 써야 합니다. 구두점 하나, 띄어쓰기 어느 것도 소홀히 해서는 안 돼요. 바른 정자로 또박또박 곱씹으며 베껴 써야 합니다. 글을 잘 쓰고 싶은 사람에게 필사 연습은 아주 중요합니다"라고 말했다.

필사(筆寫)는 말 그대로 남의 글을 베껴 쓰는 연습이다. 필사는 문장 연습의 좋은 수단이다. 잘 쓴 글, 명문으로 손꼽히는 문장, 구조·논리·개연성을 배우기 좋은 기사, 매끄럽게 읽히는 명칼럼, 표현력이 탁월한 소설들을 필사하면 문장이 좋아진다.

또한 필사를 하면 글의 구조를 이해하게 된다. 쉽고, 명확한 문장 쓰기를 연습할 수 있으며 독자 중심의 글쓰기, 즉 객관적 글쓰기를 연습할 수 있다. 맞춤법, 띄어쓰기, 단락 구분 등 기초적인 교정교열 지식을 얻을 수 있을 뿐 아니라 다양한 표현과 문체도 익힐 수 있다.

✓ 자기만의 표현사전을 만들어라

글을 쓰다 보면 금방 자신의 한계가 보인다. 어휘력 부족 때문이다. 생명의 최소 단위가 세포(cell)이듯 문장의 최소 단위는 단어다. 글을 잘 쓰려면 어휘력이 풍부해야 한다. 유시민은 어휘력을 늘리는 방법으로 박경리의 대하소설 『토지』 1, 2부 10번 읽기를 권하고 있다. 거기에 더해 자신만의 표현사전을 만들기를 추천한다. 책을 읽으면서, 좋은 문장을 필사하면서 '좋은 표현'을 모아 두는 것이다.

✓ 칼럼 스터디에 참여하라

책을 읽고도 정리하는 것이 어렵거나, 핵심을 못 짚어 낸다면 읽기 능력에 문제가 있다. 이것을 훈련하기 좋은 매체가 신문이다. 신문에는 다양한 기사들이 실린다. 그중에서 칼럼은 배경지식을 쌓고, 정리와 요약을 도와주는 훌륭한 콘텐츠이다. 현 사회의 큰 이슈를 전문가들이 풀어 쓴 완성도 높은 글이기 때문이다. 칼럼을 꾸준히 읽고, 정리 요약하는 연습을 하면 읽기 능력이 개선되고 더불어 글쓰기 능력도 향상된다.

논리적 훈련을 원한다면 칼럼 스터디에 참여하길 바란다. 요약 정리를 잘하고 싶은 사람, 다양한 분야의 배경지식을 쌓기를 원하는 사람, 보다 넓고 다양한 시각을 갖고 싶은 사람에게는 제격이다. 다양한 칼럼을 꾸준히 읽고, 정리하고, 내 생각을 논리적으로 표현하도록 연습하라. 오프라인 모임이 힘들다면 온라인 칼럼 스터디를 활용하는 것도 좋다.

✓ 100일 온라인 글쓰기에 도전하라

글쓰기는 육체노동이다. 어떤 일을 하더라도 체력이 필요하다. 체력은 집중력과 지구력의 바탕이 된다. 글쓰기 초보자에게는 글쓰기 근육이 필요하다. 꾸준한 글쓰기 습관 만들기, '글력' 키우기, 성취감 느끼기, 근성 키우기를 위해 나는 '100일 온라인 글쓰기' 모임에 참여했다. 열흘 동안 해외 여행 중에도 빼먹지 않았다. 분야는 단상과 에세이, 필사 등 어떤 것이든 상관없었다. 이 과정은 이왕이면 글쓰기 기본 과정을 수료하고 시작하는 편이 좋다. 평소에 달리기를 전혀 하지 않던 사람이 갑자기 마라톤 풀코스에 도전하면 실패할 가능성이 있고 후유증이 남는다.

100일 글쓰기는 자신의 페이스대로 가는 것이 중요하다. 다른 글과 비교하며 좌절할 필요가 없다. 깔아 주고, 펼치고, 모아 주는 세 문장으로 한 편의 글을 완성할 수도 있다. 그것이 익숙해지면 조금씩 문장을 늘리면 된다. 자기 검열 없이 생각나는 대로 휘갈기는 낙서라고 해도 꼭 완성하겠다는 각오로 하는 것이 중요하다.

● 블로그와 SNS를 활용하라

글쓰기에 자신감이 붙었다면 블로그 만들기를 권한다. 블로그에는 서평, 에세이, 여행 후기, 맛집 후기, 등산 후기, 영화 후기 등 여러 분야의 글을 올리시길 바란다. 누군가 나의 글에 공감하고 댓글을 달면 이제까지 경험해 보지 못한 즐거움을 맛볼 수 있을 것이다. 그러한 기쁨이 글을 써 나가는 데 탄력이 붙게 할 것이며 노년의 외로움을 극복할 수 있게 할 것이다.

나이가 들면서 친구는 점점 줄어든다. 직장을 은퇴하면 더욱 그렇다. 인맥에는 혈연, 지연, 학연 등 여러 종류가 있지만 가장 많은 시간을 보낸 사람들은 역시 직장 동료이다. 이들은 '일맥'으로 연결된 사람들이다. 하지만 일맥은 일이 사라지면 관계도 끊어진다. 이해관계로 맺어진 인연이기 때문이다. 갑자기 자신이 가치 없는 존재가 된 것 같은 느낌을 받기도 하고 버려진 듯한 생각이 들기도 할 것이다. 하지만 책을 읽고 글쓰기를 준비한 사람에게는 새로운 세상이 열린다.

나이가 많다고 주저하지 말고 도서관이나 평생학습센터 등에서 독서회와 글쓰기 모임에 가입하라. 그곳에는 인생 경험과 사회 경험이 풍부한 은퇴자를 환영하는 젊은이들이 있다. 그들과 교류하면 스스로 젊어진 듯한 기분이 들 것이다. 블로그와 SNS 등의 온라인에서도 소통할 수 있는 많은 친구들이 은퇴자들을 기다리고 있다.

책 읽기를 다시 공부하다

어휘력은 고전 문학으로

• • •

글쓰기를 하면서 어려움에 봉착한 것이 바로 어휘 부족이었다. 어휘
는 문장의 기본인데 기본이 부족하니 글력이 딸리는 것이다. 그때까
지의 책 읽기는 지식과 정보의 습득 수준을 넘어서지 못했다. 말로
는 그럴듯하게 하는데 글로 쓰면 내용이 빈약했다. 몇 가지 얕은 생
각과 단순한 개념의 나열에 불과하니 당연한 일이었다. 문학을 읽으
면 도움이 된다는 말에 문학 읽기 과정을 들었다. 유시민이 어휘 사
전이라고 칭한 박경리의『토지』1, 2부를 사서 열심히 읽고 생애 처
음으로 서양 고전을 읽기 시작했다.

'책통자 리더과정 – 고전문학코스' 6개월 과정은 매월 2회씩 진
행되었다. 읽어야 할 작품은 도스토옙스키의『죄와 벌』,『카라마조
프 가의 형제들』, 카프카의『소송』, 밀란 쿤데라의『농담』, 보리스 파

스테르나크의 『닥터 지바고』, 조지 오웰의 『1984』, 토마스 만의 『마의 산』, 가브리엘 가르시아 마르케스의 『백년의 고독』, 니체의 『차라투스트라는 이렇게 말했다』, 헤르만 헤세의 『황야의 이리』, 서머셋 모옴의 『인간의 굴레에서』, 괴테의 『파우스트』였다. 대개 600쪽이 넘는 책이었고, 어떤 책은 1,400쪽 가까이 되기도 했다. 쉽지 않은 도전이었지만 견뎌 냈다. 중년이란 나이는 견디는 힘을 충분히 키운 나이지 않은가.

십여 명이 시작했지만 나와 선배 두 명만 결승선에 서 있었다. 자기계발서를 주로 읽으면서 문학을 멀리 했던 나는 이때 고전 문학의 맛을 알게 되었다.

6개월 동안 작품 속 주인공과 함께 기뻐하고 슬퍼했으며 고통과 즐거움을 나눴다. 그들은 나의 다른 모습이었다. 문학 속에는 여러 종류의 인간 유형이 있다. 괴테가 창조한 '파우스트'는 자신의 이익을 위해 어떤 위험도 감수하는 인간이다. 셰익스피어의 '햄릿'이 회의하는 인물의 전형이라면 세르반테스의 '돈키호테'는 저돌적으로 도전하는 형이다. 괴테는 '미망의 길을 걷더라도 인간으로서 노력을 계속한다면 구원을 받는다'고 했다. 그럼 나는 어떤 모습으로 살아가고 있을까? 어떻게 사는 것이 제대로 사는 것인가?

신영복은 『담론』에서 고전을 읽을 때 삼독(三讀)하라고 권한다. 먼저 텍스트를 읽고, 저자를 읽고, 자신을 읽으라는 말이다. 자신을 읽는다는 것은 내면의 자아와 대면한다는 말이다. 문학은 결코 독자에게 답을 알려 주지 않는다. 오히려 질문을 하고 질문이 곧 답을 끌어낸다. 세계적인 경영컨설턴트 톰 피터슨은 고전을 읽는 이유를 "대부분의 경영학 서적은 답을 가르쳐준다. 하지만 고전은 나에게 오히려 근본적인 질문을 한다. 그 질문에 답하는 과정에서 큰 깨달음을 얻는다"라고 말한다.

고전 읽기의 종착역은 단연 『파우스트』였다. 독일 문학의 최고봉이라 불리는 괴테의 작품으로 20대부터 구상을 시작하여 완성까지 60년이 걸린 대작이다. 그는 자신의 체험을 바탕으로 쓴 소설 『젊은 베르테르의 슬픔』으로 이미 20대 중반에 베스트셀러 작가가 되었다. 이 작품은 젊은이들 사이에 주인공의 옷차림을 유행시키고 모방 자살을 하게 하는 등 '베르테르 신드롬'을 일으켰다.

『파우스트』는 16세기 독일 전역에 유행하던 전설을 새롭게 재해석한 작품이다. 독일의 민간 전설과 그리스 신화를 무대로 '파우스트'라는 주인공을 등장시켜 인간의 쾌락과 욕망의 본질을 보여 준다. 평범한 사람은 평범한 대로, 정치가는 정치가로서, 학자는 학자로서의 욕망이 있다. 인간은 욕망과 욕망 사이에서 갈등한다. 나 역시 젊은 시절부터 이루지 못한 욕망으로 얼마나 많은 날들을 고민 속에서 살았던가. 꿈과 이상에 불타던 20대, 이상과 현실 사이에서 고민하던 30대, 실패와 좌절 속에서 고뇌하던 40대를 지나서, 제2의 삶을 꿈꾸는 50대에 문학을 만났다.

문학은 삶의 본질을 파헤치고 인생의 좌표를 수정하도록 만든

은퇴자의 공부법

다. 문학은 천사의 노랫소리가 아니라 악마의 속삭임이다. 나를 되돌아보게 하고, 삶의 지층을 흔든다. 문학을 읽으면 문제가 해결되는 게 아니라 더욱 고민하게 만든다. 고민하는 과정에서 자신을 돌아보는 성찰력과 삶에 대한 통찰력이 커진다.

편독을 벗어나다

• • •

대부분의 독서가들은 편독자이다. 사람들은 책을 고를 때 자신이 좋아하는 분야의 책을 집게 된다. 당연하다. 좋아하는 분야의 책도 읽지 못한 게 수두룩한데 다른 분야의 책을 굳이 읽을 이유가 있겠는가.

나 스스로도 몰랐던 편독의 문제점을 일깨운 것은 글쓰기였다. 문학 읽기가 변화의 시작이었고 독서토론이 편독을 극복할 수 있는 방법이 되었다. 토론을 위해 평소 읽지 않는 장르의 도서를 선정하니 안 읽을 재간이 없다.

편독을 넘어서야 하는 이유는 일본의 저술가 다치바나 다카시가 쓴 『나는 이런 책을 읽어 왔다』를 읽고 깨닫게 되었다. 그는 사람이 책을 읽는 첫 번째 이유가 지적인 호기심 때문이라고 한다. 아리스토텔레스의 『형이상학』 첫 줄 "인간은 태어날 때부터 알려고 하는 욕구를 가지고 있다"를 인용하며 지적인 욕구가 높으면 학습 욕

구를 불러일으키고 낮으면 학습에 대한 의욕이 상실된다고 주장한
다. 뇌의 정보처리 자동장치, 즉 '오토마톤(automaton)'을 어떻게 관
리하느냐에 따라 인간의 내적 성장이 좌우된다는 것이다. 인간의 지
적 성장은 뇌의 성장에 비례한다. 뇌를 활성화시키기 위해서는 지적
인 자극을 받아야 한다.

함께하는 학습 모임에
참여하라

● **독서 모임의 중요성**

은퇴 후 책 읽기나 글쓰기에 관심을 가지는 사람들이 많다. 하지만 은퇴 전에 어떻게 할지 미리 준비하는 것이 좋다. 은퇴 후에 느긋하게 책이나 보겠다는 생각만으로는 실천하기가 쉽지 않다.

독서 모임은 자발적인 학습 모임이다. 그래서 수동성과 타율성을 벗어나 스스로 실천하는 능동성과 자율성을 극대화시킬 수 있다. 책을 읽는 것을 숙제처럼 해야 하는 부담도 있지만 숙제처럼 하다 보면 자신도 모르는 사이에 자연스럽게 책을 읽게 되고 사람들과의 소통도 쉬워진다. 무슨 공부든 시간이 필요하다. 그리고 그 과정에서 안팎으로 창조와 변화가 일어난다. 다양한 독서 모임이 있으니 자신과 맞는 모임을 선택해서 참여해 보는 것도 좋을 것이다. 내가 참여했던 몇 가지 모임을 소개하겠다.

● 독토공감 모임

'독토공감'은 매달 선정된 책을 읽고 모여서 2시간 동안 토론하는 모임이다. 이 모임에 참여하는 사람들은 불특정 다수다. 직장인, 주부, 은퇴자 등 20대부터 60대까지 남녀노소 구분 없이 다양하다. 한 달에 한 번, 장소는 참석자들과 논의해 결정하고 최소한의 회비를 내 공간 사용료와 음료수 요금으로 사용한다.

✓ 이런 분에게 권한다

'책을 정독하고 싶다. 다양한 책을 경험하고 싶다. 책을 둘러싼 다양한 생각을 듣고 싶다. 친목 위주의 독서 모임에 지쳐 심도 깊은 토론을 원한다. 읽을 책을 말과 글로 정리하고 싶다'는 생각을 가진, 진행자가 이끄는 편안한 토론을 경험하고 싶은 분들

참여자들은 보통 10명에서 15명 정도이다. 그 이상이 되면 참석자들의 발언 기회가 적어지고 토론의 밀도가 떨어진다. 진행자는 진행논제가 준비되어 있으나 처음에는 초보자들을 위해서 자유롭게 이야기할 수 있도록 편안한 분위기를 만들어 준다.

본격적인 토론에 들어가면 우선 책에 대해 평점을 매기고 독후소감을 발표한다. 그리고 책을 읽을 때 인상적이었던 부분을 낭독하고 그것에 대한 느낌을 말한다. 때로는 찬반 토론이 되어 주장에 따른 이유와 근거를 설명한다. 그러면서 한 권의 책에 대해 다양한 시

각과 해석을 얻을 수 있다. 50분 정도 진행 후 잠시 쉬는 시간을 갖고 후반부에는 주제에 대해 심도 있게 토론한다. 토론의 마지막은 항상 토론 소감 발표이다. 토론에 참석하기 전과 후가 어떻게 달라졌는지 소감을 발표하는 것으로 마무리한다.

● 낭독공감 모임

'낭독공감'은 혼자서는 도저히 읽지 못하거나, 절대로 읽지 않을 책들을 대상으로 한다. 꼭 한 번 읽고 싶었던 동서양 고전을 함께 읽는 학습 모임이다. 일종의 고전강독 시간이라고 할 수 있다. 낭독의 즐거움을 함께 누리고, 체험한다. 매주 2시간 동안 과거로의 여행, 낭독의 세계로 떠난다. 한 가지 좋은 점은 미리 책을 읽어 오지 않아도 된다는 점이다. 현장에서 직접 소리 내어 읽으며 낭독의 즐거움에 흠뻑 취할 수 있다.

참석자들이 동서양 고전을 돌아가면서 낭독하고, 토론하는 형식으로 진행되는 낭독공감은 빠른 것을 최고로 여기는 정보화 시대에 거스르는 책 읽기다.

✓낭독은 이런 점이 좋다

옛날 우리 선조들의 공부법이 낭독이었다. 선비의 낭랑한 낭독소리가 담장 밖으로 넘나들었다. 낭독은 느리게 읽기(slow reading)로 빠르게 읽는 묵독의 약점을 보완할 수 있는 대안적 독서이다. 그러므로 선비의 공부방법론을 현대적으로 재현하려는 노력이라 할 수 있다.

참여자들은 보통 10명에서 12명으로 제한되며 보통 8회에서 10회로 진행된다. 낭독공감에는 진행자만 있을 뿐 강사는 없다. 참석자들이 돌아가면서 한 단락씩 낭독한다. 일정 분량을 읽고 읽은 부분에 대한 소감을 나눈다. 이해되지 않는 부분이 있으면 질문하고 다른 참여자가 그 질문에 답한다. 개방된 학습 공간에서 서로 다른 이해와 해석을 소통하고 공유한다. 시끄럽게 토론하는 유대인의 도서관인 '예시바'와 비슷하다.

● **서평독토 모임**

'서평독토'는 함께 책을 읽고, 서평을 쓰는 학습 모임이다. 월 1회 모임으로 1년을 개근하면 12권을 함께 읽을 수 있고 12편의 서평을 쓸 수 있다. 서평독토 참여자들은 "성취감에 뿌듯하고, 자존감이 올라가요"라고 모두 입을 모아 말한다. 비결은 경청과 격려이다. 책 읽기와 글쓰기에는 치유의 효과가 있다.

✓ **서평독토에서 지켜야 할 점**
- - - - - - - - - - - - - - - - -
서평을 써야 참석할 수 있다. 두 달 연속 빠지면 자동으로 탈퇴된다.

모임에 정해진 회칙은 없지만 이 두 가지는 회원들이 중요시하는 불문율이다.

'서평독토'는 회차마다 모이는 회원 수가 다르지만 대략 40여 명 정도이다. 자신이 쓴 서평을 회원 수만큼 출력해 오기 때문에 각자가 다른 사람의 서평까지 모두 40개의 서평을 갖게 된다. 모임은 3부로 진행된다. 1부에는 3그룹으로 나눠, 자기소개를 하고 각 조에 토론 리더를 배치하여 다양한 논제로 독서토론을 진행한다. 2부는 다양한 교류를 위해 그룹 구성원을 교체한 다음 1부와 동일하게 진행한다. 마지막에는 인기 서평을 투표하여 소정의 선물을 주고 3부에서 참가 소감을 나눈다.

● 평전독토 모임

'평전독토'는 서평독토의 변형 학습 모임이다. 책장 한쪽을 차지하고만 있던 두꺼운 평전과 자서전을 읽는 모임이다. 위대한 인물의 삶의 궤적을 읽고, 서평을 쓰고, 함께 토론한다. 소설가 마르케스, 샐린저, 루쉰, 까뮈, 시인 백석, 연암 박지원, 혁명가 체 게바라, 정치인 만델라와 김대중, 종교인 간디, 과학자 다윈에 이르는 다양한 인물을 탐구한다.

✓ 평전독토를 하는 이유

평전의 주인공은 역사적으로 평가를 받을 수 있는 인물이다. 오늘날은 존경할 만한 어른을 찾기 힘들다. 패기 없는 젊은이들을 빗대기 전에 과연 존경할 만한 어른, 스승이 있는가를 찾아보아야 한다. 역사를 배우고, 되짚어 보는 이유는 현재의 좌표로 삼고, 미래를 모색하기 위함이다. 그래서 평전을 통해 역사적인 인물을 평가하는 작업은 매우 중요하다.

평전독토는 10명 정도의 회원이 한 달에 한 번 모인다. 모임의 학습 진행은 서평독토와 비슷하다. 대부분의 평전은 혼자 읽기에는 부담되는 분량이다. 보통 800쪽 내외이고 두 권짜리는 1,600쪽, 세 권짜리는 1,700쪽이다. 분량의 압박은 있지만 역사적인 인물의 삶과 사상을 깊이 있게 탐구하며 얻는 것도 많다.

● 영토공감 모임

'영토공감'은 삶에 도움이 되는 영화를 보고, 함께 토론하면서 의미 있는 삶을 모색해 보는 시간이다. 대부분의 사람들은 영화를 스토리 위주로 본다. 하지만 영화를 제대로 이해하려면 감독을 읽어야 한다. 영화감독은 그 시대의 문화 파수꾼이다. 우리가 살고 있는 지금의 문제를 다양한 방식으로 풀어내는 종합 예술, 그것이 바로 영화다. 흥행한 영화 외에도, 많은 명작들이 있다. 꼼꼼히 보고, 깊게 생각하고 넓게 토론하면 인문적 사유가 깊어진다.

✓ 영토공감에 참여를 권하다

자신이 본 영화를 말과 글로 정리하면 어떨까. 한 편의 영화에 담긴 무수한 느낌표와 물음표를 놓쳤다면 영토공감에 참여하기를 권한다. 영화토론은 함께 본 영화를 주제 중심으로 다시 되새겨 보는 영화 체험 나눔 시간이다.

영토공감은 극장에 가서 개봉 영화를 보고 토론하기 때문에 비정기적이다. 참가자들은 카톡이나 인터넷 공지를 보고 오기 때문에 처음 보는 사람들도 많고 인원 제한도 없다. 각자 예매해서 보고 함께 토론하면 된다. 이 모임 이외에 '영화입문' 과정도 있는데 이것은 학습 모임의 성격이 강하다. 인원도 10명 정도로 제한된다. 미리 영화를 선정하고 각자 알아서 보고 1주 혹은 2주에 한 번씩 모여서 토론한다. 논제는 미리 메일로 발송되며 진행은 '독토공감'과 동일하다.

정년이 없는 새로운 삶

50대 후반에 맞이한 황금기

• • •

일반적으로 직장에는 정년이 있다. 정년이 되면 은퇴를 해야 하는데 은퇴에는 네 가지 경우가 있다. 정퇴, 명퇴, 조퇴, 졸퇴다. '정퇴'자는 직장에서 정년을 채우고 퇴직한 행운아다. '명퇴'는 명예퇴직을 말하는데 퇴직을 몇 년 앞두고 퇴직수당을 받고 직장에서 나오는 경우다. 조퇴는 이른 나이에 새로운 길을 개척하려고 퇴직을 한 경우다. 그리고 가장 안 좋은 경우가 '졸퇴'다. 내가 바로 졸퇴자다.

나는 회사가 부도나서 졸지에 직장을 잃었고 동시에 신용까지 잃었다. 40대 중반에 눈보라 치는 광야에 내버려진 듯했다. 중소기업에서 잠시 일하기도 했지만 결국 프리랜서의 길로 나섰다. 스스로 교육 분야가 적성에 맞다고 판단하고 강사 과정에 도전했다. 과정을 수료하고 강의를 위해 끊임없이 준비하던 중 기회가 찾아왔다. 비전

강사와 특강 강사로 프로그램 진행을 맡고, 학교와 회사, 기관에서
도 강의를 하게 된 것이다.

그러던 중 독서토론과 글쓰기에도 흥미를 느끼고 꾸준히 하다
보니 지금은 독서토론과 글쓰기 강사가 되었다. 이 분야는 아직 초
기 단계로 블루오션이다. 이 분야에서 강사를 하려면 기본적으로 책
을 좋아하고 또 많이 읽어야 한다. 그리고 스피치력이 있어야 한다.
이때는 소통과 공감 능력이 필요하다. 그다음 관문이 글쓰기이다.
이처럼 몇 가지 관문을 지나야 하기 때문에 진입 장벽은 높은 편이
지만 일단 진입에 성공하면 안착하기가 쉽다. 내 경우는 좋아서 시
작한 공부가 정년이 없는 새로운 직업을 갖게 해 주었다. 50대 후반
에 나는 인생의 새로운 황금기를 맞았다.

독서토론을 이끄는 진행자

• • •

독서토론 진행자가 되기 위해서는 다양한 대상과 연령층을 대상으
로 독서토론을 진행할 수 있어야 한다. 그래서 독서토론 이론을 배
우는 것과 동시에 실습이 필요하다. 실습은 독서토론 진행과 논제
발제로 이루어진다. 논제 발제는 곧 글쓰기다. 독서토론 진행자는
책을 읽어야 하고, 논제를 발제해야 하며, 토론을 진행하는 등 여러
역할을 해야 한다.

나는 2012년 서울시 문화재단에서 '한 도서관 한 책 읽기' 프로그램 일환으로 초등생, 청소년, 성인들의 독서토론을 진행했다. 구로 꿈나무 도서관에서는 초등학교 저학년이 대상이었다. 선정한 책은 권정생의 동화 『길 아저씨 손 아저씨』였다. 앞을 못 보는 손 아저씨와 다리가 불편한 길 아저씨가 서로 도우며 더불어 살아가는 이야기다. 아이들과 눈높이를 맞추며 진행했다. 라포(rapport) 형성을 위해 목소리도 아이들 연령에 맞게 하이 톤으로 올렸다. 아이들과 토론할 때 주의할 점은 칭찬과 격려를 많이 해야 한다는 것이다. 말할 때마다 큰 반응을 보일 필요가 있다. 그렇게 반응하면 아이들은 발표에 자신감을 갖는다. 성적 때문에 위축되어 있는 아이들에게 있어 칭찬받는 독서토론은 언어의 해방구가 된다. 학교 공부는 정답 찾기다. 그래서 아이들이 공부를 싫어한다. 하지만 독서토론은 책을 통해 다양한 생각, 다른 해석을 찾는 소통의 시간이다.

용산도서관에서 중학생 독서토론을 진행할 때의 일이다. 김려령 작가의 『그 사람을 본 적이 있나요?』가 그 회차의 책이었는데 전달 과정에 문제가 생겨 학생들이 모두 책을 읽지 않고 참석했다. 어쩔 수 없이 책 브리핑을 10여 분 동안 평소보다 길고 자세히 한 다음 독서토론을 진행했다. 책을 읽지 않은 회원과 독서토론을 진행한 것은 처음이었다. 다행히 모임에 참석한 학생들의 독서 수준은 높은 편이었다. 8명 중에서 한 달에 네 권 이상 읽는 학생이 40퍼센트, 나머지도 두 권 이상 읽는 학생들이었다. 그 덕분에 한 명도 책을 읽지 않았음에도 토론의 참여도와 집중도는 높았다. 학생들은 소감을 말할 때 하나같이 "책을 읽지 않고 토론해도 이렇게 재미있는데, 책을 읽었더라면 얼마나 더 재미있었을까요. 집에 가서 꼭 책을 읽어 볼게요"라고 했다.

최근 2~3년 사이 교사와 사서, 나아가 시민들을 대상으로 독서토론 리더과정을 개설하는 도서관이 많아졌다. 정부의 정책이 독서토론을 장려하는 방향으로 전환하고 있기 때문이었다.

서울 도봉문화정보도서관에서 '우리 동네 북리더' 과정을 3년 동안 진행했다. 이 과정을 마치면 회원은 관내 학교에 도서관 강사로 재능기부를 할 수 있었다. 입소문이 퍼져서 올해도 지원자가 넘쳤다. 서울 양천도서관에서는 2012년에 15주 과정의 '시니어 독서지도사' 과정을 개설했다. 50대부터 70대 후반 나이의 시니어들이 참여했다. 과정을 마친 후 회원들은 '우물과 두레박'이라는 독서회를 만들어 도서관에서 봉사활동을 하고 있다고 한다. 강서도서관에서도 과정을 마친 수료자들이 '서유당(書遊堂)'이라는 독서회를 만들었다. 그 회원들은 관내 학교에 나가 재능기부를 한 것으로 2015년에 재능기부 활동보고 대회에서 은상을 받았다고 전해 왔다.

요즘 강남구 개포동 소재 하상점자도서관에서 시각장애인들의 독서토론을 진행 중이다. 태어날 때부터 장애인이었던 사람과 사고로 중도장애인이 된 사람이 참여하고 있다. 책을 읽는 데 어려움이 있지만 독서토론을 하며 즐거워하는 그들의 모습이 보기 좋다. 그들에게 독서토론의 즐거움을 알게 해 주었다는 보람을 느끼면서도 한 편으로는 혹시나 나의 말실수로 마음에 상처를 줄까 봐 어느 때보다 더욱 조심하며 독서토론을 진행하고 있다.

자신을 드러낸 진솔한 글쓰기

* * *

2014년 5월 나는 추천을 받아 글쓰기 강사로 첫발을 내딛게 되었다. 처음 맡은 강의는 한겨레교육문화센터에서 '글쓰기 첫 걸음' 입문과 정이었다. 그곳에는 책을 낸 저자 등 쟁쟁한 글쓰기 강사들이 야간 강좌를 맡고 있었는데 내 강의는 오전이었다. 주로 글쓰기를 원하는 가정주부와 프리랜서들이 많았다.

6주 과정을 진행하는 동안 6번의 글쓰기 과제를 내주었다. 사실 과제를 많이 내면 강사도 힘들어진다. 모든 과제를 첨삭해야 하기 때문이다. 그럼에도 불구하고 한 번이라도 더 글을 쓸 기회를 주기 위해 매주 과제를 냈는데 그건 내 경험 때문이다. 나는 경험을 통해 글쓰기는 글쓰기로만 좋아진다는 것을 알고 있다. 그리고 첨삭을 받으면 글의 문제점을 알게 되기 때문에 그 과정을 통해 글 실력이 는다. 한 주 한 주 지나면 과제를 제대로 낸 수강자는 강좌가 끝날 때 글이 달라져 있고 얼굴빛도 바뀌어 있다. 하지만 같은 강의를 두 번이나 듣고도 과제를 내지 않는 분들도 있다. 마음 속 '내부 검열자'

를 뛰어넘지 못한 경우이다.

2014년 10월부터는 종로여성인력개발센터에서 '논리적 글쓰기' 과정을 시작했다. 직장인 대상의 8주간 과정이었다. 다행히 반응이 좋아서 한 강좌가 끝나고 쉬는 주 없이 연속으로 다음 강좌가 시작되었다. 한 수강자는 "글을 쓴다는 게 남 앞에서 벌거벗는 것 같다"고 말했다. 사실 온전히 자신을 드러낸 진솔한 글이야말로 감동을 준다.

수강생 중에 늘 밝은 표정이 보기 좋았던 40대 후반의 수강자가 있었다. 그런데 하루는 그녀의 글을 보고 깜짝 놀랐다. 당시 주제는 '여행'이었고 그녀가 쓴 글의 제목은 '마음으로 하는 여행'이었다. 대략적인 내용은 다음과 같다.

아버지가 말기암이어서 가까운 콘도로 아버지를 모시고 형제들과 여행을 했다. 아버지는 여행을 다녀온 직후 세상을 떠났다. 얼마 지나지 않아 남편과 함께 어머니를 위로하려고 한강유람선을 타기로 했다. 준비하고 집을 나섰는데 갑자기 남편이 쓰러졌다. 병원으로 옮겼는데 식물인간이 되었다. 깜짝 놀라 병원에 달려온 어머니는 집으로 돌아가는 길에 교통사고로 세상을 떠났다. 나쁜 일은 혼자 오는 법이 없다. 얼이 빠져 버렸지만 자식들 생각하며 마음을 추슬렀다. 2년간 병원에서 남편 곁을 지키다가 직장에 복귀했다. 직장에서 전 직원이 홍콩 워크숍을 가기로 했다. 사장은 한 사람도 빠져서는 안 된다고 말했지만 남편의 건강이 악화되어 참가할 수 없었다. 결국 사정 얘기를 하니 사장도 깜짝 놀랐다. 가고 싶었던 홍콩 여행, '마음으로 하는 여행'을 떠난다.

항상 밝은 모습만 보여 주었던 그녀가 이런 큰 아픔을 가슴에 안고 있었다는 걸 글을 통해 알게 되었다. 그리고 이후 그녀를 더욱 이해하게 되었다.

이처럼 일반 글쓰기 강좌를 진행하다 6강부터 교재를 대폭 갈아 엎었다. 직장인 대상이라 반 정도는 비즈니스 글쓰기 즉 공문서, 설명서, 보도자료, 기안서, 기획서, 보고서, 자기소개서, 이력서, 웹문서 쓰기 등 실전 글쓰기로 구성했다. 수강생들이 실제 도움이 되는 강의를 원했기 때문이다. 다니는 회사의 기획서를 가져와 첨삭 지도를 요청하거나 사업계획서와 보도자료를 가져온 수강자도 있었다.

그러는 한편 도서관에서 글쓰기 강좌와 자서전 쓰기를 진행하고 있다. 어떤 도서관에서 진행한 실버 자서전 쓰기에 온 70대 수강자는 초등학교 3학년 중퇴자였다. 6·25 전쟁으로 아버지를 잃고 졸지에 소년가장이 되신 분이었다. 어려움 속에서 홀어머니를 모시고 동생들을 키운 그의 삶이 감동적이었다. 그동안 암 수술을 몇 번 받기도 했지만 지금은 자식들 모두 잘 키워 내고 해외여행을 다녀올 정도로 여유로운 말년을 보내고 있었다. 연세가 있어 맞춤법, 띄어쓰기도 힘들어 하고 컴퓨터 사용법도 몰라 일일이 가르치며 강의를 진행했다.

자서전 쓰기에서 문법이나 형식, 방법은 중요하지 않다. 중요한 것은 그분의 이야기이다. 자서전 쓰기 참가자들은 십인십색(十人十色)이다. 저마다 다른 사연을 가슴을 열고 풀어내도록 돕는 게 강사의 역할이다. 다른 강의에서도 마찬가지이지만 강의를 하면서 항상 수강생에게 많이 배우고 있다. 교학상장(教學相長), 가르치는 것이 곧 배우는 것이다. 더 잘 가르치기 위해 공부를 하게 되니 내 실력도 수강생들과 함께 성장하는 것 같아 감사할 따름이다.

못 가 본 길을 가다

책 쓰기에 도전하다

• • •

글쓰기를 시작한 지 2년 되는 해에 도약의 계기가 찾아왔다. 숭례문
학당 사람들의 이야기가 한국출판마케팅연구소의 출판잡지 〈기획
회의〉에 실리게 된 것이다. 내게도 "어떻게 책 읽기와 글쓰기 공부
를 해 왔는지 써 보라"며 기회를 주었다.

잡지에 실리는 글은 고작 원고지 30매였다. 첫 도전이라 가슴이
뛰었지만 무얼 어떻게 써야 할지 감이 잡히지 않았다. 어떻게 책 읽
기와 글쓰기 공부를 해 왔는지 쓰라고 했지만 나름대로 정리해 가면
퇴짜 맞기 일쑤였다. 하지만 포기할 수는 없었다. 파주 출판단지로 1
박 2일 글쓰기 여행을 가기도 하고 몇 번의 첨삭을 받아서 여덟 번
만에 마침내 통과되었다. 내 글이 실린 잡지를 받던 날 나는 하늘을
나는 기분이었다.

사실 책을 쓰는 건 이전에도 제의가 있었다. 하지만 준비와 실력 부족으로 번번이 무산되었다. 기획안이 통과되어 스테디셀러를 만들어 보자는 의욕적인 편집자를 만나기도 했지만 또다시 좌절되고 말았다. 결국 제대로 시도도 못해 보고 어영부영 시간만 지나 버린 것이다. 어떤 일이든 시기를 놓치면 다음에 다시 기회를 잡기가 상당히 어렵다.

그러던 2014년 봄, 갑자기 독서토론 책을 쓰자는 얘기가 나왔다. 기획력과 추진력이 있는 사람이 이끄니 속도가 나기 시작했다. 매주 모여 아이디어 회의를 하고 각자 차례를 만들어 와서 의견을 조율했다. 차례가 정해지고 각자 쓸 부분이 정해지니 글쓰기에도 속도가 붙었다. 매주 원고를 합평하면서 나는 많은 지적을 받았지만 그러면서 글쓰기 요령도 배우게 되었다. 나 스스로도 다른 책들을 찾아보며 어떻게 써야 하는지 공부했고 참고할 책들도 수십 권 구입했다. 배우면서 쓰고, 쓰면서 배웠다.

드디어 9월 중순에 책이 출간되었다. 독서토론 개설서 『이젠, 함께 읽기다』(북바이북)이다. 숭례문학당에서 강사를 하면서 쌓아온 현장의 경험과 노하우를 담은 책으로 도서관과 학교에서 교육할 때 많은 사람들이 원하던 책이었다. 책이 발간되고 나서 곧바로 반응이 나타났다. 먼저 신문사에서 연락이 왔다. 2014년 9월 17일 오후, 『경향신문』 인터뷰를 시작으로 연말까지 여러 매스컴에서 경쟁적으로 이 책을 다뤘다. 『동아일보』에서는 올해 놓친 좋은 책 5권 중의 하나로 소개했다. 김찬호의『모멸감』과 유시민의『나의 한국현대사』와 함께 추천되었으니 어찌 가슴이 벌렁거리지 않으리오.

『국민일보』는 사무실까지 찾아와서 공저자 네 명의 사진을 촬영하고 주제를 깊이 있게 다룬 인터뷰를 실어 주었다. 10월에 OBS 인천방송 뉴스에 책이 나오고, 2014년을 마감하는 12월 29일에 KBS TV 시사 교양프로그램 'TV 책을 보다'에서 소개되며 유종의 미를 거뒀다. 그날 주제가 '독(讀), 해야 산다'였는데『이젠, 함께 읽기다』가 메인 책이었다. 한 해를 아주 기분 좋게 마감할 수 있었다. 출간 기념 북콘서트도 10월에 강남구 삼성동의 삼성도서관, 12월에 종로구에 있는 정독도서관에서 두 번이나 했다. 도서관의 사서들, 지인들이 찾아왔고 저자와의 대화, 초대자와의 만남, 후배 강사들이 독서토론을 연극으로 각색하여 시현했다. 북뮤지션 제갈인철은 책 제목과 같은 '이젠, 함께 읽기다'를 노래로 만들어 멋진 음악 공연을 해 주었다. 이렇게 많은 관심과 사랑을 받아도 되나 어리둥절할 정도였다. 하지만 그로 인해 분명히 알게 된 것은 독서토론 시대가 왔다는 사실이다.

첫 책이 출간되자 곧바로 다음 책 쓰기에 들어갔다.『이젠, 함께 읽기다』실천편이다. 독서토론을 하면서 독서가들이 가장 어려워하는 부분이 논제이다. 독서토론을 하는 사람들 중에 간혹 논제를 살수 있냐고 묻는 사람들도 있다. 논제가 그만큼 중요하다는 얘기다. 강사들도 독서토론에서 논제가 차지하는 비율이 70퍼센트라고 말한다. 논제가 준비되면 토론은 그리 어렵지 않다.

실천편은 서울까지 교육을 받으러 올 수 없는 지방 독자들을 위한 것이다. '논제의 달인'이라는 가제로 세 명의 공저자가 글을 쓰던 중 다른 책이 기획되어 출간 순서를 바꾸어 놓았다.

두 권의 책에 저자로 이름을 올리다

• • •

'세월호 참사' 1주기를 몇 달 앞두고 있을 때 '죽음, 애도'라는 주제로 일반인이 참여하는 함께 쓰기 프로젝트가 진행되었다. '어른의시간' 출판사가 기획하고 숭례문학당이 참여하는 공동 프로젝트였다. 2015년 2월 1일, 강남 논현동 북티크에서 40여 명의 지원자들이 몰렸다. 나 역시 그중 한 사람이었다. 공저자 후보들은 각자 2~3분 정도 자신이 경험한 가까운 이의 죽음에 대해 솔직하게 털어놓고 감상을 나눴다. 신기하리만큼 저마다 다른 사연에 눈물을 흘리는 이도 많았다.

2주 후, 각자 쓴 원고를 가지고 1차 미팅을 했다. 조별로 나누어 자기 원고를 낭독하고 다른 사람들의 의견을 듣고 다시 수정하는 방식이었다. 처음 참가한 사람은 40명이었는데 33명이 최종 저자가 되었다. 33명의 공동저자들은 20대 대학생, 대학원생, 백수, 농부, 회사원, 퇴직한 전직 연구원, 전문의, 학교 교사, 책을 좋아하는 주부,

강사, 건축가, 독서토론 강사 등 다양한 직업의 사람들이었다. 『당신은 가고 나는 여기』(어른의시간)가 출간되고 출판사에서 받은 인세 100만 원과 책 50권을 광화문 광장에서 농성 중인 4·16연대에 기부했다. 희생자 가족과 아픔을 함께 나누고자 하는 공저자들의 마음이었다.

나는 2년 전 60세라는 젊은 나이에 암으로 세상을 떠난 작은형을 그리며 원고를 썼다. 1996년에 갑작스런 사업 실패와 부도로 20여 년 동안 재기하려고 몸부림쳤던 형이었다. 정신적 스트레스가 암으로 발전한 걸까 우리 집안에서 최초이자 유일한 암환자였다. 먼저 저세상으로 가신 아버지와 어머니, 일찍 죽은 작은형에 대한 그리움으로 글을 쓰면서 내 글이 조금 좋아졌다는 생각이 들었다.

그런데 그보다 한 달 먼저 『책으로 다시 살다』(북바이북)가 출간되었다. 〈기획회의〉에 1년 넘게 연재되던 숭례문학당 사람들의 이야기를 엮은 것이다. 원고는 이미 몇 번씩 수정된 것이었으니 주제별로 묶고 차례만 정하면 되었다. 그렇게 나는 두 권의 책에 저자로 이름이 올랐다.

『책으로 다시 살다』는 출간과 동시에 매스컴의 조명을 받았다. 『한국일보』, 『국민일보』, 『문화일보』 등 여러 신문에서 기사가 나왔다. 내 글이 맨 처음이라서 사람들이 더 관심을 가졌다. SBS 8시 뉴스에서는 '책의 날' 특집으로 사무실에서 '낭독독서'를 하는 장면을 촬영해 방송했다. 그리고 『조선일보』에서는 편집자 레터 '혼자 읽기

+ 함께 읽기'라는 제목의 글에서 『책으로 다시 살다』를 '혼자 읽기가 아닌 함께 읽기'에 대해서 생각하게 하는 책이라고 평했다. 글쓰기와 책 쓰기를 시작하면서 나는 지금까지 상상조차 하지 못했던 일들을 경험하며 새로운 길을 걷고 있다. 그리고 지금은 계속 실력을 쌓아 언젠가는 서평집을 내겠다는 꿈을 꾸고 있다.

중국의 대표적 지식인이자 작가인 왕멍은 『나는 학생이다』에서 스스로를 '학생'이라고 말한다.

나 역시 늘 이 말을 되뇐다.

"나는 학생이다."

세상과 통하다

최병일

3부

오래 살고 싶은 인간의 욕망도 건강, 돈, 친구 등의 여건이 준비되어 있을 때는 축복이지만 삼중고가 한꺼번에 몰아닥치면 오래 사는 것이 재앙으로 변한다. 자식 교육에 전념한 베이비붐 세대는 준비 못한 상태에서 은퇴를 맞는다. 돈을 벌었던 기간보다 소비하며 살아야 할 기간이 훨씬 길어진 상황을 누군들 예측할 수 있었겠는가!

경제적으로 안정적인 사람들조차 갑자기 늘어난 시간을 어떻게 보내야 할지 몰라 고민하고 있다. 왜냐하면 경주마처럼 오로지 앞만 보고 달려왔기 때문이다. 더욱 심각한 것은 가족 간의 소통 문제이다. 돈을 벌어 오는 것으로 임무가 끝난 줄 알았던 아버지들은 가족들과 함께 보낼 시간이 많아질수록 갈등이 증폭된다. 어떻게 관계를 맺어야 좋을지 배운 적이 없기 때문이다. 나는 '조퇴'를 해서 여기저기 기웃거리며 좌충우돌하던 중 독서 토론을 만났다. 그러자 여러 가지 문제가 한꺼번에 해결된 느낌이다. 미력한 경험들이 은퇴를 준비하는 분들에게 작은 도움이라도 되길 바란다.

강사로 살아가다

운명 같았던 강사의 길

• • •

나는 평소 고향에 대해 자부심을 가지고 산다. 그래서 누군가를 만나면 묻지 않아도 고향 이야기를 먼저 꺼낸다. 내 고향 순창은 전라남도와 전라북도가 마주 보고 있는 산 좋고 물 맑은 곳이다. 겨우 인구 3만 명을 넘는 아주 작은 군이지만 순창은 '고추장'과 '장수마을'이라는 두 개의 브랜드로 유명하다. 아주 오래전 미국 알래스카에 간 적이 있었는데 그곳에 나보다 먼저 온 '순창고추장'을 보고 깜짝 놀란 일도 있다.

나는 6·25 전쟁이 끝나고 남과 북으로 휴전선이 그어지던 1953년에 태어났다. 우리 집은 순창읍에서 약 7킬로미터 떨어진 섬진강 상류에 있는 작은 마을에 있었다. 어린 시절에는 그저 놀기에 바빠 여름철이면 학교가 끝나자마자 책가방을 던져 놓고 섬진강 냇가에서 헤엄을 치거나 고기를 잡으며 시간 가는 줄 모르고 놀았다. 가을이면 산골 동네 친구 집에 가서 감이나 밤을 따 먹으며 고삐 풀린 망아지처럼 산과 들로 뛰어다녔다. 그러던 중 초등학교 6학년 때 내 의지와 전혀 상관없이, 아버지의 남다른 교육열 때문에 전주로 유학을 가게 되었다. 처음 타 보는 기차와 시골에서는 상상조차 못했던 도시 풍경에 눈이 휘둥그레졌다.

전주에서 나는 학교 공부는 뒷전이고 새로운 도시에 대한 호기심을 채우기 위해 정신없이 싸돌아다녔다. 아버지는 시골에서 공부 좀 한다는 말만 믿고 기대에 차 유학을 보냈는데, 시골 우등생이었던 나는 도시 아이들과 경쟁 자체가 되지 않아 성적은 밑바닥을 맴돌았다.

그때 담임 선생님이 아이들 몇 명을 모아놓고 과외를 했는데 아버지의 부탁이었는지 담임 선생님의 권유였는지 알 수 없으나 어쩌다 보니 나도 과외 그룹에 끼게 되었다. 과외를 해도 성적은 오르지는 않았지만 담임 선생님은 아버지에게 이렇게 말했다고 한다.

"촌놈이 도시 아이들에게 이야기를 하는데 재미있는지 많이 웃습니다."

아버지는 이 말이 조금이라도 위안이 되셨을까? 이제는 세월이 많이 흘러 직접 물어볼 수는 없으나 담임 선생님은 그때 나에게서 강사의 싹을 보셨는지도 모르겠다.

이후 명문 중학교 입학시험을 보았지만 낙방이라는 쓴맛을 보고 고향으로 내려가 시골 중학교를 다녔다. 왕복 14킬로미터나 되는 비포장도로를 비가 오나 눈이 오나 3년 동안 매일 걸어 다녀야 했다. 하지만 그때 단련된 체력 덕분에 지금도 좀처럼 지치지 않는다. 작년에는 강의가 없는 날 시간을 내서 우리나라 16개 국립공원으로 선정된 산 중 13개 산의 정상을 밟았다. 중학교 3년 동안 갈고닦았던 체력이 60세가 넘은 지금도 빛을 발하고 있는 셈이다.

당시 시골 중학교에서 공부를 좀 한다는 아이들은 광주나 전주로 진학했는데 나는 전주에 있는 고등학교에 입학하게 되었다. 학창 시절은 강사가 되고 싶다는 꿈을 구체화한 시기였기에 나에게는 특별한 의미가 있다. 그때 나는 청중 앞에서 강의를 하는 사람이 그렇게 멋있어 보일 수 없었다. 그래서 마음에 드는 강사의 강의를 듣고 노트에 그대로 적었다. 똑같은 강의를 열 번씩 듣고 매번 노트에 옮겨 적었더니 토씨 하나 틀리지 않고 외울 수 있게 되었다. 나는 전주 예수병원 뒤 화산동에 살았는데 강의를 연습할 장소가 마땅치 않아 기전여고 뒷산에 올라 연습을 했다. 소나무를 청중이라 생각하고 큰소리로 강의를 했다. 여러 번 연습 끝에 노트를 보지 않고 강의할 수 있게 되자 몸이 근질근질했다. 한번은 학교 자습 시간에 친구들에게 양해를 구하고 교단에 나가서 강의를 한 적도 있고, 전주에서 남원 가는 기차 안에서 승객들에게 이해를 구하고 강의를 한 적도 있다. 교복을 입은 고등학생이 강의하는 걸 기특하게 여기셨는지 승객들은 대부분 잘 들어주셨다.

나는 사람들 앞에 서면 두려움과 함께 묘한 설렘을 느꼈다. 지금 생각하면 어떻게 그런 용기를 냈는지 도무지 이해할 수 없다. 학창 시절 강의 연습 덕분에 군대 훈련병 시절에는 함께 훈련을 받던 동기생 훈련병들과 조교들 앞에서 한 시간 동안 강의를 하기도 했다. 그 강의를 듣고 중대장이 부대에서 조교를 시키고 싶어 신병교육대장과 독대를 주선해 주었다. 계급장도 없는 훈련병이 대대장과 독대를 하는 건 감히 상상도 못할 시절, 나는 대대장과 한참 동안 대화를 나누었다. 강의 연습 덕을 톡톡히 본 셈이다. 그렇게 강의는 나에게 운명처럼 다가왔다. 그리고 이후 나는 대학을 졸업하고 연수원에 들어가 사회 교육 현장을 직접 보고 배우며 강사의 길로 들어섰다.

연수 강의에서 대학 강단으로

• • •

당시 연수원에는 두 파트가 있었다. 하나는 연수원 시설을 대관하는 파트였고, 또 하나는 기업교육 프로그램을 직접 짜서 교육을 진행하는 파트였다. 그 덕분에 연수원 시설을 대관한 대기업들의 교육 프로그램을 옆에서 지켜보며 간접적으로 체험할 수 있었고, 기업교육 프로그램을 직접 진행하며 경험을 쌓을 수 있었다. 산악훈련을 비롯한 행동 프로그램에 투입되어 교육 진행과 영업을 병행하며 기업 교육의 흐름도 배우고 익혔다. 그리고 교육이 있을 때는 연수원에서 교육 프로그램을 진행하고 교육이 없을 때는 중소기업을 다니며 영업을 했다. 중소기업을 돌아다니면서 경영자들의 이야기를 듣고 기업 현장의 이해 폭을 넓힐 수 있었다. 기업 현장은 총칼만 없을 뿐 전쟁터이며 지뢰밭을 걷고 있는 생과 사의 분기점이었다. 그중에 원목시계를 만드는 시닉스라는 회사 사장과 나누었던 대화가 지금도 기억에 남는다.

시닉스 사장은 충청남도 시골 출신으로 제대로 배우지도 못하고 상경해 한뎃잠을 자며 제법 큰 회사를 일구었으나 끝까지 지키지 못하고 IMF 때 부도를 맞고 말았다고 했다. 안타까운 마음이 들어 도와줄 방법을 찾던 중 내가 모르면 도울 수 없다는 것을 깨닫고 공부를 하기로 마음먹었다. 그래서 들어간 곳이 경희대학교 산업정보대학원 중소기업학과였다. 다행히 지도교수를 잘 만나 대학에서 창업자 과정을 개설할 때 한 과목을 맡아 강의하게 되었다. 대학원을 졸업하자마자 지도교수의 추천으로 학부 학생들을 가르치게 된 것이다. 국제경영대학 학생들이 기업에 들어가기 전에 기업 교육을 먼저 접해 보길 원한다는 학교 측의 요구에 맞게 다양한 기업 프로그램을 접목해서 3학점짜리 수업을 했다. 강의 때마다 학생들을 만나면 즐거웠고 강의 평가도 좋아 수강신청 때는 제법 인기가 있었다.

창업자 과정 2년, 학부 강의 6년, 합해서 8년 동안의 시간은 굉장히 의미 있고 행복한 시기였다. 그런데 서울 캠퍼스와 수원 국제 캠퍼스에 경영학부가 중복된다고 합병되는 바람에 학부 강의는 접게 되었다. 그렇다고 대학과의 인연이 끝난 것은 아니었다. 우리나라

교육의 흐름이 토론으로 가리라는 것을 예측하고 독서토론을 배워 현재는 청강문화산업대학에서 '생각과 표현'과 '독서토론'이라는 교양과목을 가르치고 있다.

정년이 없고 얽매이지 않는 삶

• • •

계절마다 학생들의 옷차림과 표정이 바뀌고 철따라 수많은 꽃들이 피고 지는 대학은 역동적이며 젊음의 에너지가 차고 넘친다. 나는 일주일 중 목요일과 금요일 이틀은 대학에서 강의를 하고 다른 날은 일반인을 상대로 독서토론 진행과 특강을 하고 있다.

대학에서 내 역할은 학생들이 책을 좋아하도록 만들고, 자신의 생각을 대학생답게 말하고 글로 쓸 수 있도록 자극을 주는 것이라고 생각한다. 그런 마음으로 강의를 해서인지 한 학기가 끝날 무렵이면 강의를 들은 학생들이 이구동성으로 "기간이 짧아 아쉽지만 말하기와 글쓰기를 배워서 두렵고 불안했던 마음이 없어지고 다른 수업에도 도움이 된다"고 말한다. 그런 말을 들으면 보람도 느끼고 한 학기의 피로가 싹 사라진다. 학생들의 반응이 좋았기 때문에 '생각과 표현'에 이어 '독서토론' 과목까지 맡게 된 것이다.

일반인 독서토론 진행은 주로 독서토론 놀이공동체 숭례문학당과 한겨레문화센터에서 독서토론 입문과정 코칭과 진행이고, 종종 기업체에서 독서토론을 진행하기도 한다. 독서토론은 연령, 직업, 성별 등 다양한 사람들이 한 팀이 되어 같은 책을 읽고 자신들의 생각을 정답에 구애받지 않고 솔직하게 쏟아 놓는 모임이다. 그래서 토론을 하다 보면 돈을 주고도 얻을 수 없는 인생의 보석 같은 지혜를 얻을 수 있고, 독서토론이 끝날 때면 에너지가 충전되는 기분을 만끽할 수 있다. 시간을 쪼개 스스로 책을 읽고, 수업료까지 내고 먼 길을 마다하지 않고 찾아오는 귀한 사람들과 깊은 내면의 대화를 나눌 수 있다는 것만으로도 사실 이만저만한 행운이 아니다.

어쩌다 지방 강의가 있을 때에는 여행을 간다고 생각하며 즐거운 마음으로 떠난다. 그리고 강의가 끝나면 일부러 시간을 내서 꼭 그 지역 유적지를 탐방한다. 그렇게 해도 못 보는 곳이 얼마나 많을까? 관심을 가지지 않을 때는 전혀 보이지 않았던 것들이 요즘은 자꾸 눈에 들어와 더욱 신이 난다.

어쩌면 이건 내가 프리랜서로 어디에도 얽매이지 않고 살기 때문에 가능한 일인지도 모르겠다. 주위를 둘러보면 60세가 넘은 내 나이 또래는 대개 정년퇴직해서 일식이, 이식이, 삼식이라는 탐탁지 않은 이름으로 불리며 우울하게 노후를 보내는 사람이 많다. 하지만 나는 내가 좋아하는 일을 하고 있고, 누군가가 나를 불러 주고 과분한 대접을 해 주어 하루하루가 행복하다. 정년이 없이 즐기면서 일하는 행복을 다른 은퇴자들과도 공유하고 싶다.

글쓰기와 독서토론을 실천하다

꿈을 이루는 길을 찾아 나서다
• • •

『실행이 답이다』라는 책에는 '생각을 성과로 이끄는 원동력 20'이라는 부제가 달려 있었다. 이 책은 아주대학교 심리학과 이민규 교수가 썼다. 그의 전작인 『끌리는 사람은 1퍼센트가 다르다』, 『1퍼센트만 바꿔도 인생이 달라진다』도 읽었던 터라 이번 책도 기대하며 책장을 넘겼다.

> 실행력은 타고난 자질이 아니라 배우고 연습하면 누구나 개발할 수 있는 일종의 기술(skill)이다. 실행력이 부족한 것은 의지력의 문제가 아니라 아직 효과적인 방법을 배우지 못했기 때문이다.

즉, 실행력도 피아노 연주나 운전처럼 일종의 기술이며, 부족하면 실천 노하우를 공부하고 연습하면 된다는 내용에 마음이 이끌려 몇 번이나 읽었다. 작심삼일을 반복하는 많은 사람들에게 '의지박약'이라고 스스로를 자책하지 말라며 함께 지렛대를 찾아보자고 부드럽게 이야기하듯 쓴 글이 책을 여러 번 읽게 만들었다. 이 책에는 실천의 노하우로 "실행력은 '결심 – 실천 – 유지'라는 3단계를 포함하며, 탁월한 실천가가 되려면 이 3단계에 적용되는 효과적인 지렛대를 갖고 있어야 한다"라고 제시하고 있다.

불현듯 처음 스키를 배울 때 생각이 났다. 서 있는 것조차 힘들어서 넘어지고 일어나기를 수십 번 아니 수백 번 반복할 때, 최상급에서 타는 사람들을 보면서 저 사람들은 보통 사람들이 아니라 특별한 사람이라 생각했다. 그렇지만 포기하지 않고 꾸준히 연습을 했더니 지금은 초급과 중급을 넘어 최상급까지 탈 수 있게 되었다. 내가 잘 아는 젊은 친구는 넘어지는 것이 두려워 몇 년을 스키장에 가도 초보 코스를 떠나지 못하고 있다. 그는 '안전제일주의'를 지향하며 한 번도 넘어지지 않고 타기 때문에 만년 초보에 머물러 있는 것이다. 넘어지며 연습을 하고 안 하고는 시간이 지날수록 큰 차이가 난다.

삶에서 가장 파괴적인 단어는 '나중'이고, 인생에서 가장 생산적인 단어는 '지금'이다. 힘들고 불행하게 사는 사람들은 '내일 하겠다.'고 말하는 반면, 성공하고 행복한 사람들은 '지금 한다.'고 말한다. 그러므로 '내일'과 '나중'은 패자들의 단어이고 '오늘'과 '지금'은 승자들의 단어이다.

다른 책에서도 보았던 문장이지만, 다시 읽고 한 대 얻어맞은 듯 정신이 번쩍 들었다. 비전을 이야기할 기회가 있을 때마다 나는 입버릇처럼 책을 한 권 써 보겠다고 말해 왔다. 그런데 되돌아보니 내 머릿속에는 '오늘'과 '지금'이 아니라 '내일'과 '나중'만 있다는 사실을 깨닫게 되었다. 이 책 덕분에 막연하게 미루는 것이 얼마나 미련한 짓인가를 깨닫고 책을 쓰기 위한 방법을 직접 찾아 나섰다.

글쓰기에 입문하다

• • •

책을 쓰기 위해서는 기초부터 배워야 한다는 생각에 인터넷을 뒤지고 도움을 받을 수 있는 사람들에게 묻기를 반복했다. 그 결과, 한겨레문화센터 '첫 문장의 두려움을 없애라'라는 글쓰기 입문과정이 사람들로부터 만족도가 높다는 것을 알았다. 즉시 시작하라는 말을 되새기며 바로 분당센터 글쓰기 입문과정에 등록했다. 매주 두 시간씩 6주 동안 글쓰기에 대한 방법을 알려 주고, 과제를 제출하면 메일로 첨삭을 해 주는 식이었는데 그야말로 글쓰기 맛보기요, 첫걸음 정도였다. 6주 강의를 마쳤으나 글쓰기 감은 잡히지 않고 짙은 안개 속을 걷는 것 같았다. 그래서 같은 강의를 한 번 더 들었다. 모닝페이지 쓰기, 아티스트데이트, 블로그 만들기 등 글쓰기 방법은 이해할 것 같은데 도무지 글쓰기 실력은 나아지지 않았다. 강사에게 중급 과정을 개설하든지 아니면 글쓰기 도움을 받을 수 있는 사람을 소개해 달라고 부탁했다. 며칠 뒤 전화번호를 건네받고 내친김에 바로 연락을 해서 분당센터 근처에서 만나기로 했다.

그를 만나 명함을 받고 보니 숭례문학당이라는 단체의 대표였다. 그날은 간단히 이야기를 나누고 얼마 뒤 숭례문 근처 사무실에서 구체적으로 이야기를 나누고서는 글쓰기가 성급하게 생각할 일이 아니라는 걸 깨달았다. 당송 시대의 팔대가 중 한 명인 구양수는 '글쓰기는 다독(多讀), 다작(多作), 다상량(多商量) 삼박자가 맞아야 된다'고 했다. 나는 그의 이야기를 상기하며 독서토론 리더과정에 등록했다. 8주 동안 매 주 한 권의 책을 읽고 토론하는 과정이었다. 남녀노소, 다양한 사람들이 같은 책을 읽고 자신의 관점에서 이야기를 하는 과정이었는데 한 주 한 주 지날수록 사람마다 생각이 너무도 다르다는 점에 재미를 느끼고 점점 빠져들었다. 다음 번 책은 사람들이 어떻게 생각할까 기대되고 설레었다.

특히 윌리엄 서머셋 모옴의 『달과 6펜스』를 읽고 토론했던 일이 기억에 남는다. 이 책은 그의 대표작이며 프랑스 화가 고갱을 모델로 쓴 책이었다. 우리가 토론한 논제는 다음과 같았다.

스트릭랜드의 아내 에이미, 스트로브의 아내 블랑시, 현지 처 토인 처녀 아타 중 결혼해서 살아 보고 싶은 사람이 누구인지 이야기해 봅시다.

에이미는 다른 사람들의 눈을 무척 신경을 쓰고 체면을 중요시 여기며 살아가는 인물이다. 블랑시는 다른 사람을 의식하지 않고 본인의 욕망에 충실하다. 아타는 상대방을 위해 무조건적으로 헌신하는 사랑을 한다. 나는 단순하게 대부분이 아타를 선택할 거라고 생각했는데 에이미나 블랑시와 살아 보고 싶다는 사람도 의외로 많았다.

그렇게 8주가 지나자 내가 가지고 있던 사고의 틀이 서서히 깨지고 상대방의 의견에 귀 기울이는 경청 능력이 조금씩 향상되었다. 누구나 정도의 차이가 있을 뿐 판단을 방해하는 고정 관념, 선입관, 편견을 가지고 있다. 어릴 때의 말랑말랑하고 유연한 사고는 나이를 먹을수록 딱딱하게 굳어져 자기만의 틀을 만들어 버리기 때문에 나이 든 사람은 젊은 사람들의 행동이 눈에 거슬리는 것이다. 그래서 젊은 이들을 가르치려 들다가 오히려 외면당해 외로워지는 어른들을 자주 목격할 수 있다. 나도 이와 별반 다르지 않았는데 독서토론을 통해 젊은 사람들의 말에 귀 기울이다 보니 그들의 생각에도 일리가 있고 때로는 내 생각보다 더 깊이 있다고 느낄 때가 많았다.

또한 나의 독서 이력을 점검할 수도 있었다. 나는 그동안 책을 제법 읽어 왔다는 자부심을 갖고 있었다. 하지만 독서토론에 참여하면서 대부분 자기계발서 위주였으며, 인문학은 손에 꼽을 정도라는 걸 알게 되었다. 사람의 영양 상태로 비유하자면 나의 독서 이력은 영양실조 일보 직전인 셈이었다. 그래서 이번에는 인문고전 6개월 과정에 등록했다. 『카라마조프 가의 형제들』, 『닥터 지바고』, 『파우스트』 등을 읽고 토론 전에 메일로 독후감을 써 내고 학당에 모여 토론했다. 이때 재미있었던 것이 피드백 강도이다. 강사의 피드백에는 청양고추 매운맛, 중간맛, 순한맛이 있다. 그래서 그때그때 본인이 피드백의 강도를 선택할 수 있다. 직업이 있는 사람들이 일주일이란 기간에 틈틈이 1,500쪽 정도의 책을 읽고 독후감을 쓰고 모여서 토론하는 건 쉬운 일이 아니다. 의욕을 가지고 출발했던 참가자들은 시간이 지나면서 하나둘 잠수를 타기 시작해 6개월이 지나자 수료 때는 세 사람만 남았다.

사실 인문고전 과정은 나에게도 도전과 같았는데 특히 괴테의 『파우스트』는 몇 번을 읽어도 도무지 이해가 되지 않았다. 다른 책들은 토론을 하면 어느 정도 정리가 되고 감을 잡을 수 있었는데 『파우스트』는 강적이었다. 영화도 보고 가장 비싼 좌석으로 예약해 뮤지컬도 보았지만 여전히 어려운 책으로 남아 있다. 『닥터 지바고』도 마찬가지다. 그렇다고 좌절하지는 않았다. 나는 수강생 중 항상 나이가 제일 많았지만 그럼에도 불구하고 절대 중간에 포기하지 않았다. 그저 묵묵히, 꾸준히 나아갔다. 이해하지 못했으니 아직 공부가 더 필요하다고 생각할 뿐이었다.

나는 독서토론을 진행하는 강사가 되기 위해 본격적으로 독서 토론 심화과정을 들으며 더욱 담금질을 했다. 매주 책 한 권을 읽고 각자 논제를 뽑아 그 논제를 놓고 진행하는 과정이었다. 우리는 실전에서 나타날 수 있는 여러 상황에 대처할 수 있는 위기관리 능력을 키우기 위해 서로 도움을 주려고 무척 노력했다. 약간의 틈만 보이면 일부러 논제에 대해 딴죽을 걸었는데, 어떤 변수에도 당황하지 않고 진행할 수 있도록 하기 위해서였다. 그렇게 천천히 나는 내가 정한 목표를 향해 나아가며 공부의 끈을 놓지 않았다.

여행 인문학

― 작품 속 장소에서 토론하다

● 내가 생각하는 여행의 맛

『그리스인 조르바』의 작가 니코스 카잔차키스는 '내 삶을 풍부하게 해 준 것은 여행과 꿈이었다'고 말했다. 여행은 우리에게 휴식과 재충전의 기회를 제공한다. 내가 생각하는 여행의 맛을 3단계로 나누어 보면 다음과 같다.

> 1단계 삶의 번잡함을 떠나 휴식을 위한 여행
> 2단계 삶의 의미를 조망하고 역사와 만나는 역사여행
> 3단계 역사 기행과 더불어 책을 읽고 독서토론을 통해 시대와 대화를 나누는 여행

역사 기행을 떠나 독서토론을 하면 작가와 역사적 인물들, 그리고 함께 여행을 떠난 사람들과 영혼의 교류를 나눌 수 있다.

● 역사의 숨결을 느끼는 여행

남한산성
- - - - - - -
날짜 : 2012년 8월 5일

토론 작품 : 김훈의 『남한산성』

코스 : 행궁 → 남문(자하문) → 연춘정 → 수어장대 → 산성종로(로터리)

남한산성은 백제 - 통일신라 - 고려 - 조선을 거쳐 내려오면서 오 랫동안 한강 유역과 수도 방어를 담당했던 성으로, 단 한 번도 함락 된 적이 없는 천혜의 요새이다. 국가 사적 제57호로 5개의 옹성과 4 대문으로 이루어져 있으며, 주변의 노송군락이 아주 잘 보존되어 있 어 수려한 자연 경관을 자랑한다. 특히 병자호란 등 국가 전란 때마 다 임시 수도의 역할을 하는 등 역사·문화적 가치가 뛰어난 곳이다.

작가 김훈의 『남한산성』은 병자호란을 배경으로 반정을 통해 왕 권을 잡은 인조와 그 신하들이 어떻게 남한산성을 근거지로 저항하 면서 한 시대를 살았는가를 유려한 필치로 그리고 있다.

이 책은 1636년 12월 14일부터 1637년 1월 30일까지 47일간 성 안에 갇혔을 때 벌어진 말과 말의 싸움, 삶과 죽음에 관한 고통스러 운 기록을 담고 있다.

행궁 문화해설사의 설명을 통해 역사적 사실과 배경, 새로 조성 된 행궁의 건축에 대한 다양한 지식까지 들으니 역사 지식이 더욱 풍성해진 듯했다. 말수 적은 인조가 괴로울 때마다 털어놓는 속병을 들어온 400년 된 나무가 별채 후원에 있었다. 역사의 눈물과 한숨을 간직한 나무였다. 다시는 이런 치욕의 역사를 반복하지 말고 나라를 굳건한 반석 위에 세우자는 뜻으로 후원 뒷뜰 나무 곁에 있는 바위에 새긴 글자 '반석', 석(石) 자에 새겨진 점 하나에서 마음의 옹골참이 느껴졌다.

남문을 지나 산성을 따라 연춘정을 오르니 숨이 가쁘고 몸에 열기가 올랐다. 하지만 35도를 넘는 불볕더위도 나무 그늘에서는 사라지고 숲속의 향기가 몸과 마음을 정화시켜 주었다.

수어장대를 오르기 전에는 개구멍을 보았다. 소설 『남한산성』에서 김상헌의 요청으로 산성을 나가서 밖의 동정을 살피고 돌아온 대장장이 서날쇠가 들락거렸을 개구멍이다. 수어장대에 도착하자 일행 중 한 분은 일부러 옷까지 준비해 와서 향을 피우고 칼춤을 추며 호국영령을 위로했다.

이날은 모두 12명의 독서가들이 김훈의 『남한산성』을 놓고 토론했다. 논제는 다음과 같다.

『남한산성』의 가치와 한계를 어떻게 보는가, 작가의 어느 편도 들지 않는 역사관은, 주전파 김상헌과 주화파 최명길 중 어느 입장에 공감하는가? 고립무원의 성에서 벌어진 참담했던 날들의 기록을 담은 『남한산성』이 베스트셀러에 오른 이유는 무엇이라 생각하는가?

각자 책을 읽은 소감을 나누고, 본격적인 토론에 들어가 다양한 시각으로 작가와 작품을 조망했다. 주전파 김상헌과 주화파 최명길을 놓고 벌인 선택 논제로 토론은 더욱 열기를 띠어 짧은 시간이 안타깝기만 했다.

다산초당

날짜 : 2012년 7월 8일

토론 작품 : 정약용의 『유배지에서 보낸 편지』

코스 : 김영랑 생가 → 백련사 → 다산유물전시관 → 다산초당

『유배지에서 보낸 편지』를 읽고 전라남도 강진 다산초당에 가기 위해 몇 사람이 뭉쳤다. 수원 인터체인지 근처 신갈에 집결하여 각자 타고 온 차는 주차장에 주차하고 한 차에 동승했다. 강진을 가는 동안 한시도 쉴 새 없이 이야기꽃이 피어났다. 여행은 어디로 가느냐가 중요하지 않고 누구랑 함께 가느냐가 더 중요하다는 말을 실감하는 순간이었다.

서울에서 출발해 강진 초입에 도착해서는 '모란이 피기까지는' 이라는 시로 잘 알려진 김영랑 시인의 생가에 들렀다. 지방자치제 이후 관광객을 유치하기 위해 문화제에 정성을 쏟고 있다는 사실을 목격할 수 있었다. 김영랑 생가는 가만히 앉아 있기만 해도 책을 읽고 싶고 사색을 하게 하는 편안하고 아늑한 집이었다.

그리고 다음으로 들른 곳이 백련사이다. 정약용과 아암 혜장 스

님이 차를 마시며 우정을 키운 곳이다. 당시 혜장은 34세, 다산은 44세였다. 두 사람은 종교와 나이를 초월해서 자주 만났으며 혜장 스님은 다산에게 차의 깊은 맛을 알게 해 주었다. 다산초당과 이어지는 2.5킬로미터의 오솔길에는 300~400년이 넘는 1,500여 그루의 동백나무가 있다. 동백꽃이 필 때면 장관일 듯했다.

다산초당을 가기 전 먼저 강진군 도암면 만덕리에 위치한 다산유물전시관을 들렀다. 다산의 생애, 업적, 유배 생활에 관련된 것들이 입체감 있게 진열되어 있었다. 다산 영정, 다산 연보, 학통, 다산의 일생, 다산의 업적과 유물들을 눈으로 직접 확인할 수 있었다.

산속에 깊숙이 자리 잡은 다산초당은 첫 인상이 생각했던 것과 달리 너무 어두운 느낌이 들었다. 다산 선생이 직접 새긴 '정석(丁石)'이란 바위가 눈에 들어왔다. 정석은 유배를 마치고 고향으로 돌아가기 전 새겼다고 한다. 마음의 근심을 걷어 내고자 차를 끓였다는 '반석', 차를 끓였던 샘물인 '약천', 연못 가운데 있는 '연지석가산'은 다산과 깊은 인연이 있는 것들이다.

흑산도에 유배 가 있던 형님을 그리워하며 시름을 달래던 천일각이란 정자에 앉아 멀리 바다 쪽을 바라보았다. 다산은 책을 쓰면 형님에게 보내 감수를 받기도 했다고 한다. 유난히 우애가 좋던 형제가 멀리 떨어져 유배 생활 때문에 만날 수조차 없었던 안타까움이 내 마음까지 스며들었다.

유배지를 찾아 다산의 흔적과 손때가 묻은 구석구석을 돌아본

후 『유배지에서 보낸 편지』에 대해 토론을 했다.

1년간 먹고 사는 문제가 해결될 경우 자발적 유배를 선택하겠는가?

18년이라는 긴 유배 기간 동안 다산은 얼마나 외롭고 쓸쓸했을까? 자녀들에게 보낸 편지는 마치 유언과도 같았다. 자녀들이 독서 습관을 갖고 살기를 간절히 원하는 아버지의 절절한 이야기가 가슴을 뭉클하게 했다는 등 많은 이야기가 쏟아져 나왔다.

다산의 책을 읽고 이해의 폭이 넓어졌다고 생각했는데 직접 장소를 둘러보니 그의 외로움, 고통 등 공감되는 부분이 점점 늘어났다. 앞으로는 시간이 허락되는 대로 현장을 찾아 역사의 숨결을 직접 체험할 생각이다.

책이 만들어 준 인연

운전자 인성 교육을 맡다

• • •

사업용 차량을 운행하는 운전자들은 매년 지방자치제가 운영하는 교통연수원에서 정기적으로 보수 교육을 받는다. 교육은 크게 직무 관련과 인성관련 두 파트로 나뉜다. 직무관련 교육은 자동차 사고예방, 사고처리, 교통법규 등 운전자들이 꼭 알아야 할 내용으로 되어 있다. 인성관련 교육은 주로 운전자의 의식 교육에 맞춰져 있는데 나는 인성 교육을 맡아서 오래전부터 주로 서울, 충남, 충북교통연수원에서 주관하는 운전자들을 대상으로 강의하고 있다.

운전자 교육을 처음 한 곳은 잠실 교통회관이다. 강의 평가가 괜찮았는지 특별히 강의 소개를 부탁한 적도 없었는데 서울시 교통문화교육원, 충남 교통연수원, 충북 교통연수원으로 자연스럽게 이어져 강의 기회를 얻었다. 같은 대상이 매년 교육을 받으러 오기 때문에 강사는 1년이나 길어도 2년이 지나면 교체되는 것이 일반적이다. 연수원 입장에서는 많은 강사를 확보해야 하기 때문에 자연스럽게 강사들 사이에서 소개가 이뤄진다. 게다가 강의 요청을 계속 받으려면 수강생들로부터 좋은 평가를 받아야 한다. 요즈음 대중 강의는 재미와 의미를 함께 갖추지 못하면 청중들로부터 외면당한다. 귀한 시간을 내서 교육을 받으러 왔기에 도움이 되지 않으면 강사에 대한 불평불만이 쏟아지기 때문에 단상에 설 기회를 잃게 된다.

운전자들은 다른 강의 대상들과 달리 학력, 경력, 연령 등이 천차만별이다. 이런 대상에 맞춰 강의안을 만들기란 쉬운 일이 아니다. 그런데 서울시 교통문화교육원에서 2013년에 강의를 했던 신효철 교수님으로부터 서울시가 2014년 강의 주제로 인문학에 관련된 강의를 요구한다는 정보를 들었다. 몇 년 동안 함께 책을 읽고 토론해 왔기 때문에 인문학이란 주제로 강의해 보고 싶은 마음이 들었다. 게다가 인문학을 대중들에게 강의할 수 있는 한국 사회가 되었다는 것 또한 반가웠다. 인문학은 심오한 내용을 담고 있기 때문에 대상의 눈높이를 고려해서 강의안을 만들어야 한다. 그래서 깊은 사색이 필요하다. 강의안을 구상하기에 최적의 장소는 산이다. 한발 한발 산을 오르며 곰곰이 생각하다 보면 좋은 아이디어가 떠오르고 한순간 강의 순서가 정리되는 쾌감도 맛볼 수 있다.

강의의 성공과 실패는 강의 시작 5분 안에 결정된다. 교육에 참여한 사람들이 처음부터 적극적으로 강의에 집중하는 경우는 드물다. 청중들은 5분 동안 음식의 간을 보듯 분위기를 살핀다. 그리고 강의가 들을 만하다는 생각이 들면 자세부터 달라진다. 흐트러진 자세를 고쳐 앉고 상체를 약간 앞으로 향한다. 옆 사람과 잡담하던 사람들도 대화를 중단하고 강사와 눈을 맞추기 시작한다.

나는 윌리엄 제임스라는 심리학자의 이야기로 시작한다.

생각이 바뀌면 행동이 바뀌고, 행동이 바뀌면 습관이 바뀌고, 습관이 바뀌면 인격이 바뀌고, 인격이 바뀌면 운명이 바뀐다.

하지만 이런 이야기를 계속 하면 바로 외면당한다. 재미있는 사례가 나와야 흥미를 끌 수 있다. 그래서 64세에 운전면허 시험에 도전한 할머니 이야기를 꺼낸다. 이 할머니는 운전면허를 따야겠다고 마음먹고 필기시험 950회, 실기시험 10회 합계 960회, 결국 5년 만에 면허증을 취득했다. 운전면허 예상문제집에 '65세 노인도 5년만 하면 딴다'는 글을 읽고 그대로 실천했더니 면허증을 딸 수 있었다는 이야기를 하면 여기저기서 웃음소리가 들린다. 결국 할머니는 몇 년 동안 나물 캐서 판 돈 2,000만 원으로 아주 비싼 면허증을 손에 쥐었다. 그런데 재미있는 건 그다음 이야기다.

할머니의 이야기가 언론에 보도된 뒤 AP통신을 타고 세계에 알려진 것이다. 세계 언론에 할머니가 소개되자, 현대자동차는 할머니를 자동차 광고모델로 기용했고, 그해 자동차 광고모델 분야에서 1

등을 차지했다. 현대자동차는 포상으로 할머니에게 흰색 자동차를 선물했다. 그때 나는 청중들에게 이런 질문을 던진다.

"할머니 운명이 바뀌었나요?"

곧바로 "예!"라는 대답이 강의장 안을 가득 채운다. 결국 운전면 허를 따겠다는 할머니 생각이 자신의 운명을 바꾼 것이다.

독서로 인생을 바꾼 사람들

•••

그럼 생각을 만드는 재료는 무엇일까? 바로 경험이다. 경험 중에 가장 효율적인 것이 독서다. 『멈추지 마 다시 꿈부터 써 봐』의 저자 김수영은 책으로 운명을 바꾼 사람이다. 그는 중학교 다닐 때 일진에 가담해 술, 담배는 기본이고 패싸움으로 파출소에도 자주 드나들었다. 세 번이나 가출했고 학교로부터 자퇴 처분까지 받았다. 그때 그녀는 생각을 바꿔 책을 읽기 시작했다. 그러면서 검정고시로 중학교 과정을 마치고 또래보다 1년 늦게 여수 정보고등학교에 입학했다.

고등학생 때 그녀는 연세대학교 영문과를 가겠다고 했다고 한다. 그러자 친구들이 모두 비웃었다는 것이다. 그녀는 열심히 책을 본 덕분에 KBS 도전! 골든벨의 주인공이 되기도 했고, 연세대학교 영문과도 졸업했으며 골드만삭스에 연봉 1억을 받고 취업을 했다. 이 얼마나 성공적인 삶의 이야기인가!

그러나 그녀는 젊은 나이에 건강진단에서 암 판정을 받았다. 그로 인해 죽음에 대해 진지하게 생각하고 죽기 전에 꼭 이루고 싶은 것 73가지를 적고 골드만삭스에 사표를 던졌다. 영국으로 건너가서 런던대학교 석사과정을 마치고 당시 에너지 분야 세계 매출 1위 기업인 로열더치쉘에 입사했으며 32가지의 꿈을 이뤘다. 김수영의 생각을 만든 재료가 바로 책이었던 것이다.

신용호 씨의 이야기도 청중들이 좋아하는 사례이다. 그는 일제강점기 전남 영암에서 태어났다. 8세부터 10세까지 폐결핵으로 사경을 헤매다 11세에 기적적으로 일어나지만 나이가 많다는 이유로 국민학교 입학을 거절당한다. 그러나 그는 좌절하지 않고 1,000일 독서를 한 후 중국으로 건너가 밑바닥에서부터 사업을 배웠다.

광복 후 조국으로 돌아와 사업을 시작했는데 그가 바로 교보그룹 창업자이다. 그는 서울 요지에 건물을 짓겠다는 꿈을 꾸었다. 그리고 자신의 꿈을 현실로 만든 건물이 광화문 교보빌딩이다. 그는 임원들의 반대를 물리치고 지하 1층에 교보문고를 만들었다. 그에게는 가난한 청소년들도 책을 만나면 운명이 달라질 것이라는 확신이 있었다. 그래서 교보문고 직원들에게 세 가지를 부탁했다.

"첫째 어린아이들에게 반말하지 말 것, 둘째 하루 종일 책을 보고 사지 않아도 눈치 주지 말 것, 셋째 훔쳐가도 도둑 취급하지 말 것."

광화문 교보빌딩 앞에는 '사람은 책을 만들고, 책은 사람을 만든다'라는 글귀가 돌에 새겨져 있다. 책은 신용호 씨를 만들었고 교보라는 기업을 만들었다는 사실이 이를 증명하고 있다.

손정의 씨는 일본 재일교포 3세다. 그의 할아버지는 일제 강점기에 대구에서 일본의 4개 섬 중 가장 가까운 규슈로 끌려갔다. 할아버지는 평생 탄광에서 광부로 일했으며 너무 가난해 무허가 판잣집을 짓고 돼지를 키웠다. 손정의는 할머니가 리어카를 끌고 돼지 먹이를 얻으러 식당을 돌아다닐 때 늘 따라다녔다. 그래서 이튿날 학교에 가면 어김없이 돼지 냄새 나는 조센징이라 놀림을 받았다. 그럴 때면 "너희가 나를 놀리지만 어른이 되면 회사를 세워 우리 회사 직원으로 뽑을 거야"라며 열심히 공부했다. 그는 고등학교 2학년 때 도쿄대학을 합격할 정도의 실력이 있었지만 미국으로 유학을 떠났다. 아버지가 중풍으로 쓰러져 병원에 입원하고 있는 최악의 가정 상황에서 결단을 내린 것이다.

손정의는 미국 명문 버클리대학을 졸업하고 일본으로 돌아와 25세에 소프트뱅크라는 회사를 세웠다. 조그만 2층 건물에 간판을 달고 직원 2명을 뽑아 놓고, 어렸을 때 친구들에게 당한 서러움과 회사를 키울 생각에 흥분해서는 2시간 동안 연설을 했다. 그랬더니 이튿날 직원 2명이 출근을 안 했다. 코딱지만 한 회사 하나 차려 놓고 말이 많다고 생각한 나머지 직원들이 그런 결정을 내린 것이다. 그러나 손정의는 2014년 일본 부자 1위에 이름을 올렸다. 한국에서 징용으로 노예처럼 끌려간 할아버지의 손자가 기라성 같은 일본 부자를 제치고 최고 부자가 되었으니 얼마나 대단한 쾌거인가!

| 은퇴자의 공부법 |

작년에 손정의는 세계를 깜짝 놀라게 했다. 1999년 중국에서 학원 영어 강사를 하던 마윈이라는 사람이 '알리바바'라는 전자 상거래 회사를 설립했다. 친구들에게 돈을 빌려서 설립한 회사였다. 중국의 부자 30명에게 투자 설명을 했지만 한 사람도 투자하지 않았으나 2000년 손정의에게 투자 설명을 하자 6분 만에 205억을 투자받고 33.4퍼센트의 지분을 넘겼다. 그리고 미국 증권시장에 알리바바가 상장되었을 때 손정의가 투자한 205억은 80조로 4,000배가 불어났다. 이것이 전부가 아니다.

2014년 6월 5일 손정의는 로봇과 함께 방송국에 나타났다. 그 로봇은 역사상 최초로 사람의 감정을 읽어 내는 능력이 있었다. 고령화 현상이 심각한 사회에서 독거노인들과 대화를 할 수 있는 로봇이었다. 독거노인들은 하루 종일 한마디도 못하고 지내는 날이 많다고 했다. 이 로봇은 한 번 충전하면 12시간씩 묻는 말에 대답하는데 사람이 정보를 입력할 필요가 없었다. 스스로 클라우딩이란 기술을 이용하여 필요한 정보를 찾아 입력까지 한다는 것이다. 2015년에 1,000대를 제작했는데 서로 사려고 야단이 났다.

나는 지난해까지 손정의를 소개할 때마다 한 가지 아쉬웠던 점이 있었다. 다름 아닌 그가 한국에 투자를 하면 얼마나 좋을까 하는 것이었다. 그런데 올해 초에 한국의 한 회사에 1조 1,000억을 투자했다는 기쁜 소식이 들려왔다. 일본 최고의 부자 손정의가 쿠팡이란 회사에 드디어 거액을 투자한 것이다. 손정의가 왜 쿠팡에 투자를 했을까? 나는 그때부터 쿠팡에 관심이 생겨 시험 삼아 물건을 구매해 보았다. 그러면서 전자상거래가 우리 삶 속에 얼마나 깊숙이 파고들었는가를 실감하고 놀랐다.

기자가 손정의를 찾아가 대단하다며 어떻게 이런 일을 해 낼 수 있었는지 물었다. 그러자 손정의는 25세에 소프트뱅크를 설립하고 1년 만인 26세에 너무 피곤해서 병원을 찾았다고 한다. 그때 간경화라는 진단을 받고 앞으로 5년밖에 못 산다는 시한부 판정에 병원 침대를 붙들고 한없이 눈물을 흘렸다는 것이다. 그는 정신을 차리고 아침에 눈을 뜨고 저녁에 잠들 때까지 책을 읽었다. 2년 6개월 동안 4,000권의 책을 읽고 '인간의 수명도 내 의지에 달렸다'라는 것을 깨달았다. 그러고는 환자복을 벗고 병원 문을 나와 오늘날의 성공을 일궈 낸 것이다. 그때 나는 또 청중들에게 묻는다.

"책이 사람의 운명을 바꿉니까?"

이번에도 "예"라는 대답이 강의실을 가득 채운다.

이러한 사례를 들며 강의를 하면 대체로 반응이 좋다. 반응은 끝날 때 박수 소리로 대충 알 수 있다. 마음에서 우러나 치는 박수 소리와 건성으로 치는 박수 소리는 다르다. 연수원에서 가끔 무기명으로 설문조사를 하기도 하는데 조사 결과를 피드백해 주기 때문에 구체적인 강의 평가도 알 수 있다. 그런 평가를 통해 보람을 느끼기도 하고 보완해야 할 점을 찾기도 한다.

강사는 보람을 먹고 산다

• • •

강의가 끝난 뒤 많은 사람들이 연수원 측에 강의 테이프를 요구한다는 말을 들었다. 강의 테이프를 찾는 이유는 운전하며 반복해서 듣고 싶다거나 자녀들이나 가족들에게 들려주고 싶어서라고 한다. 강사 대기실을 찾아와 저서를 묻는 경우도 종종 있다. 더 적극적인 교육생들은 집에 돌아간 뒤 연수원에 전화번호를 물어 개인적으로 전화를 걸어 오기도 한다. 한 운전자는 조심스럽게 조언을 구했다.

"딸이 다음 달에 결혼식을 올리는데 강의를 듣고 나니 책이 새로 출발하는 딸의 가정에 최고의 선물이 될 것 같았습니다. 서점에 가서 책을 고르려고 했는데 책 종류가 너무 많아 어떤 책을 선물해야 될지 모르겠습니다."

내가 직업을 물었더니 딸은 회사원이고 사위는 공무원이라고 했다. 적당한 책을 추천했더니 그는 매우 고마워했다.

고등학교 2학년 딸이 책을 좋아하는데 책을 한 권도 사 준 적이 없었다는 아버지는 강의를 듣고 딸에게 『멈추지 마 다시 꿈부터 써봐』를 사 주었다는 이야기를 들려주었다. 강의를 들으러 여러 번 찾아오는 운전자들도 있고 심지어 자녀들을 데리고 일부러 찾아오는 운전자들까지 있어서 부족한 사람이 과분한 대접을 받은 기분이 들 때도 있다.

한번은 기분 좋은 전화를 받은 적이 있다. 지인이 택시를 타고

가면서 새내기 강사에게 전화로 책을 읽는 법에 대해 알려 주었다고 한다. 통화가 끝나자 운전자가 "말씀 잘하시네요"라며 본인 이야기를 시작했다는 것이다. 그 운전자는 마이크로소프트사에서 근무했던 엘리트인데 정년퇴직 후 현재는 개인택시를 운전하고 있었다. 그는 그동안 살아오면서 인문학은 자신과 상관없는 이야기로 여기다가 이번 교통문화교육원에서 최 교수라는 분에게 인문학 강의를 듣고 그 후로 매일 조금씩 책을 읽고 있다고 했다. 주위 사람들이 TV, 스마트폰, 게임만 하고 있어서 안타까운 마음에 책을 권하면 콧방귀를 뀐다는 것이다. 운전자는 내가 한 이야기를 하며 책을 읽어야 하는 이유를 열을 올리며 말하기에 지인이 "그분이 청강문화산업대학에서 강의하고 있는 최병일 교수다. 함께 강의하고 있다"고 하자 무척 반가워했다는 말을 전해 주었다.

강의를 하는 사람은 무대에서 공연하는 사람들과 마찬가지로 무대에서 내려오면 허탈감이 들 때가 있다. 그런데 가끔 이런 소식을 들으면 에너지가 충전되고 가슴이 벅차오른다. 강사는 그런 보람을 먹고사는 모양이다.

강의를 잘하는
기술

많은 사람들이 대중 앞에 서서 멋지게 이야기를 해 보고 싶어 하지만 뜻대로 되지 않는다고 말한다. 사람들 앞에만 서면 세상이 하얗게 보이고 눈을 어디에다 둬야 하는지, 손은 어떻게 처리해야 하는지 몰라 등줄기에서 식은땀이 난다는 것이다. 처음부터 대중 앞에서 능수능란하게 이야기를 끌고 갈 수는 없다. 그렇다고 쉽게 포기하거나 절망할 필요도 없다. 연습하고 노력하면 500명, 1,000명 앞에서도 한두 시간 거뜬히 재미있게 이야기할 수 있는 능력이 생긴다.

● **강의의 3요소는 강사, 청중, 강의안**

강사는 먼저 청중 파악부터 해야 한다. 청중은 귀한 시간을 투자했으니 강의에 대한 기대가 있다. 기대보다 못하면 불만, 기대와 같으면 만족, 기대보다 잘하면 감동을 받는다. 감동을 주기 위해서는 청중의 기대치를 먼저 파악하는 것이 중요하다. 청중이 무엇을 원하는지 사전 조사가 이루어지지 않은 상태에서 강의를 하면 코드가 맞지 않아 실패할 확률이 높아진다.

요즘 청중들은 이야기를 속도감 있게 끌고 가지 않으면 강사를 외면하기 시작하고 옆에 있는 사람과 잡담으로 시간을 때운다. 그렇게 되면, 강의를 집중해서 듣는 사람들까지 흐트러지게 만든다. 결국 의미와 재미가 섞이지 않는 강의는 실패하기 쉽다.

● 강의를 잘하기 위한 방법

✓ 역할모델을 찾아라

여러 전문 강사 중 내 스타일에 맞는 사람을 선택하라.

한 강의를 10번 이상 들어라.

강의를 들을 때마다 기침소리까지 노트에 받아 적어라.

✓ 역할모델의 장점을 내 것으로 만들어라

5분 정도 분량을 내용 숙지가 될 때까지 연습하라.

10분 정도 분량을 몸짓까지 쓰며 반복하라.

30분 정도 분량을 청중의 반응까지 예상하면서 완성도를 높여라.

청중과 묻고 대답하며 강의하는 훈련을 하라.

✓ 내 스타일에 맞는 강의안을 만들어라

강의할 주제를 정하라.

소주제는 3가지 정도가 적당하다.

각 주제에 맞는 예화를 찾아라.

시작부터 마지막까지 흐름을 생각하며 강의안을 완성하라.

✓ 강의 시작 5분이 성공과 실패를 좌우한다

호기심을 자극할 수 있는 예화로 시작하라.

재미가 없으면 청중은 마음의 문을 닫는다.

속도감 있게 이야기를 끌고 나가라.

목소리의 강약, 고저, 장단 등이 조화를 이루어야 한다.

젊은 세대와 소통하다

용기와 자신감을 키우는 독서토론

• • •

얼마 전 초등학생 대상 체험학습 회사를 운영하고 있는 후배로부터 독서토론 제안을 받았다. 후배는 그동안 체험학습을 진행하며 아이들이 분명히 성장하고 있다고 확신하면서도 2퍼센트 부족한 느낌이었다고 말했다. 그리고 오랜 고민 끝에 독서와 토론이 답이라는 결론을 얻었다는 것이다. 시간이 안 된다고 몇 차례 거절했는데도 중학교 1학년 다섯 명을 대상으로 독서토론을 해 달라고 매달렸다. 어디로 튈지 몰라 북한에서도 무서워한다는(?) 사춘기 아이들로만 구성된 독서토론이 가능할까?

나는 독서토론 강사들의 재능기부로 이루어진 '책통자 아이들'이라는 프로그램에서 초등, 중등, 고등학교 학생들과 독서토론을 진행한 적이 있다. 이 프로그램은 책을 읽고 토론하고 독후감 글쓰기

코칭까지 한다. 이후 젊은 강사들이 많이 들어오면서 나이 많은 강사들은 자연스럽게 뒤로 물러났는데 그때 경험이 있어 중학생들과 독서토론을 해 볼 용기를 냈다.

하지만 걱정이 되었다. 사실 '책통자 아이들'은 초등학교 고학년과 중학생들을 함께 섞어 토론했기 때문에 진행이 가능했다. 어린 초등학생들이 깊이 생각하지 않고 거침없이 말하는 것을 보면 중학생들도 자극을 받아 무거운 입을 떼기 때문이다. 토론이 원활하게 진행되려면 열린 사고로 다양한 의견을 거침없이 쏟아 내야 토론자나 진행자가 시간 가는 줄 모르고 재미있게 진행할 수 있다. 말을 하지 않고 있으면 천하 없는 진행자라 할지라도 토론 수업 자체가 불가능하다.

나는 중학생 독서토론 모임에 앞서 해당 학생 어머니들과 먼저 미팅을 했다. 독서토론에 대한 이해가 선행되지 않으면 이 프로그램은 실패하기 때문에 설명과 질의응답을 통해 이해의 폭을 넓히는 시간을 가졌다.

그리고 독서토론 첫날, 약속 장소에 갔더니 남학생 두 명, 여학생세 명이 기다리고 있었다. 조심스럽게 자기소개 하는 시간을 가졌다. 외교관, 의사가 꿈이라는 남학생과 교사, 요리사, 아나운서가 꿈인 여학생이 독서토론 호에 승선했다. 격주로 한 권의 책을 읽고 한시간 반 정도 논제를 중심으로 토론을 하고 나머지 30분은 토론한 경험을 글로 써서 발표하기로 했다. 가장 이상적인 토론팀은 다양한 색깔을 가진 사람들이 모여 여러 관점에서 생각을 발표하는 팀이다.

한국 교육의 문제점은 확산적 사고와 수렴적 사고의 불균형에 있다. 한 가지 정답을 찾는 것이 수렴적 사고라면, 여러 가지 방법을 찾는 것이 확산적 사고다. 우리 사회에서 수렴적 사고는 오랫동안 많은 훈련을 해 오고 있지만 확산적 사고는 거의 훈련되어 있지 않다. 미래는 수렴적 사고를 잘하는 사람보다 확산적 사고를 잘하는 사람 즉 창의력, 상상력을 갖춘 인재가 필요하다고 전문가들은 이구동성으로 이야기한다. 확산적 사고를 훈련하는 가장 좋은 방법이 독서토론이다.

학생들과 두 달 동안 네 권의 책을 읽고 만났다. 중간고사 기간에도 책을 읽고 오는 게 기특했다. 성실하게 책을 읽어 오고 토론하는 두 시간 동안 눈빛을 빛내며 또박또박 발표하는 모습이 너무도 사랑스러웠다. 앞으로 이 중학생들이 얼마나 달라지고 성장할지 기대된다.

요즈음 부모들은 사춘기 아이들과 소통이 안 된다고 고민을 털어놓는다. 여러 방법을 다 써 보았지만 포기할 수밖에 없다고 말하는 부모들을 많이 만나 보았다. 그런데 책을 중심에 놓고 대화를 하면 얼마든지 많은 이야기를 나눌 수 있다는 가능성을 발견했다. 아이들은 분위기만 맞춰 주면 거침없이 속내를 털어놓는다. 시험 기간 동안 아이들이 얼마나 스트레스를 받는지 공감하며 독서토론을 진행했더니 스트레스가 풀렸다는 아이도 있었다. 그러니 정답을 내놓으라는 부담을 주지 말고 아이들이 눈치 보지 않고 이야기할 수 있는 기회를 많이 만들어 주어야 한다.

내가 지도하는 독서토론 팀 중에는 다문화가정 아이들로 구성된 팀도 있다. 한국 사회는 점점 다문화가정이 늘고 있다. 2014년 말에 발표된 한 통계에 따르면 초·중·고등학교에 다니는 다문화가정 학생이 6만 7,800명에 이르러 전체 학생 수의 1퍼센트를 넘어섰다고 한다. 향후 3년 내에 다문화가정 학생 수가 10만 명을 돌파할 것으로 예상했다. 일반 가정의 출산율은 줄고 다문화가정의 출산율은 점점 늘고 있기 때문에 다문화가정 아이들이 차지하는 비율은 점점 늘어날 전망이다. 경기도 의회가 작성한 '다문화가정 교육정책 개선방안'에 따르면 경기도 다문화가정 자녀 중 중도에 학교를 포기한 비율은 43.8퍼센트라고 한다. 다문화가정 자녀들이 인재로 자리 잡기 위해서는 체계적인 교육 지원이 필요하지만 현재로써는 역부족이라고 결론내리고 있다.

내가 아이들을 만나 이야기하며 경험해 보니 다문화가정 아이들은 어휘력이 부족했다. 어렸을 때 어머니로부터 정상적인 모국어를 듣고 자라야 자연스럽게 우리나라 말을 잘할 수 있다. 하지만 이 아이들은 외국인 어머니로부터 정상적인 모국어를 듣지 못하고 자랐기 때문에 2퍼센트 부족한 상태의 말을 쓰게 된다. 그런 상태로 학교에 들어가기 때문에 공부나 대인관계에서 심각한 문제를 겪게 되는 것이다. 독서토론을 해 보니 문제점을 명확히 알 수 있었다. 그래서 책을 이해하지 못하고 말을 잘 못하더라도 책망하거나 평가하지 않았다. 조금만 잘해도 칭찬하고 격려했다. 가끔 아이들과 분식집에서 대화를 해 보면 감추고 있었던 속내를 들을 수도 있었다. 어디서도 존중받지 못한다고 여기던 아이들은 토론을 거듭하면서 점차 표정이 밝아지고 자신감 있는 모습으로 바뀌었다. 아이들이 나름대로 미래를 꿈꾸고 그 꿈을 이루기 위해 노력하고 있다는 사실 자체만으로 놀라웠다.

'자식에게 고기를 잡아 주지 말고 고기 잡는 법을 가르쳐 주라'는 유대인의 이야기는 수없이 들었다. 내가 다문화가정 아이들에게 알려 주는 고기 잡는 법은 독서와 토론이다. 이를 통해 아이들이 꿈을 찾고 꿈을 이루기 위해 노력하기를 바란다.

책으로 소통하는 대학 강의

•••

청강문화산업대학에서 강의하는 '생각과 표현'이란 과목은 주로 말하기와 글쓰기 능력을 향상시키는 교양 과목이다. 이 수업은 다행히 학생들의 호응이 좋다. 덕분에 '독서토론' 과목을 하나 더 개설할 수 있었다. 학교 측의 배려로 한 반에 수업 받는 인원을 15명으로 제한해 두 개조로 나누어 독서토론을 진행하고 있다. 평소에 책에 관심이 있는 학생들이 수강 신청을 하기 때문에 거의 모든 학생들이 매주 한 권의 책을 읽고 온다. 같은 책을 읽고 오더라도 전공이 다르기 때문에 다양한 의견이 나온다.

매주 수업 시간 때마다 각자 읽고 온 책에 대해 북브리핑을 한 다음 조별 논제를 뽑는데, 책을 읽은 소감부터 자유 논제 3개, 선택 논제 2개 마지막 토론 소감까지 모두 7개의 논제로 다양한 발표를 진행한다. 논제를 뽑게 하는 건 질문하는 능력을 키우기 위해서이다. 오늘날은 문제를 해결하는 능력보다 문제를 찾는 능력이 더 필요한 시대이다. 처음에는 논제 찾기를 힘들어 하는 학생들도 힌트를 주면 스스로 곧잘 논제를 뽑아낸다.

사실 요즘 대학생들은 책을 거의 읽지 않는다. 책을 읽어야 하는 이유조차 생각해 본 적이 없는 학생이 허다하다. 책을 읽어야 한다고 느끼면서도 영상 세대이다 보니 책 읽는 것 자체를 매우 힘들어 한다. 그러나 독서토론 수업에 참여하는 대학생들은 다르다. 책의 가치를 누구보다 잘 알고 있다. 그래서 늘 토론 분위기가 뜨겁다. 두 시간 수업 시간이 어떻게 지나갔는지도 모를 정도로 말이다.

우리가 살고 있는 이 시대를 사람들은 한마디로 '불통'이라고 정의한다. 우선 가족 구성원간에 소통이 안 되고 있다고 아우성이다. 학교에서는 선생님과 학생들도 불통이다. 이러한 사례는 며칠을 이야기해도 부족할 정도다. 그렇다면 불통을 소통으로 바꿀 수 있는 방법은 없을까? 모래와 자갈은 서로 섞이지 않지만 시멘트를 넣고 물을 부어 섞으면 단단해진다. 그걸로 집도 짓고 다리도 놓는다. 나는 책이 시멘트, 물과 같은 역할을 할 수 있다고 생각한다. 독서토론을 하다 보면, 같은 자리에 앉아 있기조차 불편해하는 남녀노소가 한자리에서 웃고 울면서 속내를 드러내는 희한한 장이 마련된다. '불통이 소통으로 바뀌는 마술'이 눈앞에 펼쳐지는 시간, 나는 매일 그 속에서 젊은이들과 소통하며 살아가고 있다.

생각의 힘을 키우는 책 읽기

마음을 치유하고 재무장하는 방법

•••

연수원에서 근무할 때 휴일날 당직 근무를 하던 중 한 통의 전화를 받았다. 그리고 그날 전화 한 통으로 한솔교육 수원지사와 인연을 이어 가게 되었다. 한솔교육 수원지사는 1997년부터 교육이 매개가 되어 알게 된 후 지금까지 가족처럼 여기며 편한 사이로 지내고 있다.

그때 나는 한솔교육 수원지사를 경영하고 있는 이윤이 전무 소개로 많은 교육 대상을 만났다. 본사를 필두로 전국 거의 모든 지사를 안 가 본 곳이 없을 정도로 찾아다니며 교육을 했다. 그러다 보니 회사 조직이 눈에 들어왔다. 한솔교육 조직은 교육부와 사업부 두 축으로 되어 있다. 교육부는 아이들을 가르치는 교사, 사업부는 주로 교재를 판매하는 상담교사로 이루어져 있다. 수업과 교재를 중심으로 한 교육은 한솔교육 자체적으로 운영하고 있었지만 마인드 교육은 외부의 도움을 받고 있었다. 나는 한솔교육의 마인드 교육을 오랫동안 실시하면서 해외까지 나가서 강의를 했다.

한솔교육은 회사 입사 후 일정 기간이 지나면 교사들에게 동기 부여 차원에서 회사가 모든 비용을 대고 해외 연수를 보냈다. 주로 4박 5일 일정으로 일본을 다녀왔는데 교사들은 일본에 도착하자마자 보육원이나 유치원을 방문했다. 그리고 일본 보육 시설을 둘러보고 보육원 원장과 질의응답 시간을 가졌다. 일본에서는 유치원 보육비를 부모의 수입에 비례해서 구청에서 받았다. 그 덕분에 아이들은 차별 없는 교육을 받고 있었다. 얼마 전 서울 어느 고등학교에서 급식비 때문에 교감 선생님이 학생에게 모멸감을 준 일이 크게 보도된 적이 있었는데 두 사람 모두 한국 교육 시스템의 희생자는 아닐까 하는 생각이 문득 들었다.

부모들이 믿고 아이들을 맡길 수 있는 보육 시설과 시스템을 만들지 않고서는 우리나라 저출산을 막을 방법이 없다고 본다. 실제로 일본 연수를 통해 신선한 충격을 받은 교사들이 많았다. 또한 이후 교사 자녀들 연수 프로그램을 진행한 적도 있는데 그들이 성인이 되어 일본 연수 경험이 삶에 큰 영향을 주었다고 말할 때면 보람을 느낀다.

이후 나는 독서토론 리더과정, 심화과정, 인문고전과정 등 여러 가지 공부를 하면서 종종 한솔교육 상담부 교사들을 떠올렸다. 그리고 지금은 이사로 승진했지만 당시 상담부 전체를 책임졌던 이정희

단장을 만나 독서토론의 가치와 효과에 대해 이야기를 했다. 그녀는 고심 끝에 일단 시작해 보자며 팀을 꾸렸다. 한 달에 한 권씩 읽고 토론하는 모임은 벌써 4년이 되어 간다. 게다가 한 팀으로 출발한 것이 이제는 여러 팀으로 불어났다.

상담부 교사들은 고객을 만나 교재를 파는 것이 주 업무이기 때문에 만만한 일이 아니다. 요즘은 인터넷 키보드만 두드리면 순식간에 교재를 파악할 수 있고 수업에 대한 호불호가 갈린 수업 후기까지 나온다. 고객들의 수준이 점점 높아지고 있는 것이다. 그래서 교사들도 마인드나 자녀 교육에 대해 전문가로서 실력을 갖추지 않으면 일을 계속해 나가기 힘들다. 게다가 고객 불만으로 인한 반품까지 이어지면 심한 스트레스로 인해 일을 그만두게 되는 상황에 이르고 만다.

방전되어 지치고 힘든 마음을 치유하고 열정으로 재무장하여 다시 출발할 수 있는 가장 좋은 방법이 독서이다. 꾸준히 책을 읽고 일하는 교사는 아무리 어려운 역경이 와도 흔들리지 않는다. 게다가 본인은 물론이고 흔들리는 다른 사람을 붙잡아 줄 수 있는 역량이 생긴다. 상담 교사들과 토론을 할 때면 중간중간에 행복한 가정을 만들기 위해 남편들도 책을 읽고 토론을 하면 얼마나 좋을까 이구동성으로 이야기할 때가 있다. 토론을 하면서 신뢰가 쌓이자 마음속에 담아 두고 끙끙 앓던 사정도 털어놓게 되는 것이다.

남편들의 상담이 이어지다

...

이순분 팀장은 여러 이야기를 조심스레 털어놓으며 나에게 남편과 만나 달라고 부탁했다. 이 팀장의 남편은 나와의 만남이 부담스러웠던지 차일피일 미루다가 겨우 수원 영통에 있는 조용한 음식점에서 만남이 성사되었다. 대화를 나누다 보니 직장인으로 바르게 산다는 것이 얼마나 힘든 일인지 충분히 공감할 수 있었다. 그래서 한 권의 책을 추천해 주고는 격주로 만나서 책을 읽은 소감을 나눴다. 본인은 그동안 재테크에 대한 책을 주로 읽어서 인문학 관련 서적은 처음이라고 솔직하게 고백했다. 밑줄을 그어 가며 두 번씩 읽고 만날 때도 있었다.

6개월 정도 일대일로 만나다가 독서토론 입문과정을 소개해 다양한 사람들과 함께 토론을 하게 했다. 그랬더니 가정에서 가장으로서, 직장에서 직장인으로서 어떻게 생각하고 행동해야 되는지 정리가 되었다고 했다. 인생에서 가장 가치 있는 일이란 다른 사람에게 도움을 주는 일이라는 것도 깨달았다고 했다. 한순간 깨달았다고 해서 다 해결되는 일은 아니다. 생각을 행동으로 옮기고 습관화 하는 일이 무엇보다 더 중요하다. 그는 지금은 고등학생들의 멘토가 되어 시간이 날 때마다 도움을 주고 있다. 또한 내가 강의하고 있는 대학생들에게 한 학기에 한 번씩 특강 형태로 재능기부도 하고 있다. 대학생들은 기업 현장의 생생한 목소리를 들을 수 있어서 특강을 아주 좋아한다.

어느 날 김현정 팀장도 나에게 남편을 만나 줄 수 없느냐고 물었다. 흔쾌히 시간을 내겠다고 했더니 김 팀장은 남편, 아들과 함께 나왔다. 식사 후 나는 김 팀장 남편과 커피숍에서 긴 시간 이야기를 나누었다. 나는 주로 이야기를 듣는 쪽이었다. 40세인 그는 가장으로 안정적인 미래를 설계하기 위해 나름 고민을 안고 있었다. 사실 그는 요리사를 꿈꾸고 있었는데 이제 더 늦으면 다시는 기회가 없을 것 같다는 그의 말에서 절박함이 느껴졌다. 이야기를 듣다 보니, 해야 하는 일을 하며 노예처럼 살 것이 아니라 하고 싶은 일을 하며 주인처럼 살고 싶어 하는 마음을 절절히 느낄 수 있었다. 그리고 마음속에 담아 두고 있는 이야기를 털어놓을 수 없는 그의 현실이 안타까웠다.

내가 다른 사람에게 힘을 북돋아 줄 수 있는 유일한 방법은 독서를 권하는 것이다. 이번에도 책을 읽고 격주로 만났다. 김 팀장 남편은 아내가 그렇게 읽으라고 해도 읽지 않던 책을 열심히 읽기 시작했다. 토론은 주로 맛집을 순례하며 해 나갔다.

우리가 찾은 맛집 중에는 전주 출신 후배가 하는 일본식 우동집도 있었다. 후배는 전주고등학교를 졸업하고 대학원까지 나와 건설회사 중견 간부까지 지냈다. 그러다 IMF 때 과감히 사표를 내고 일본으로 건너가 '야마다야'라는 우동집에서 허드렛일부터 시작했다. 3년 동안 일하면서 성실성을 인정받아 모든 노하우를 전수받은 후배는 한국에 돌아와 '야마다야'라는 간판을 걸고 가게를 열었다. 사정이 여의치 않아 후미진 곳에 가게를 열었지만 지금은 줄을 서서 기다려야 하는 맛집으로 자리를 잡았다. 김 팀장 남편과 음식점을 다니면서 어떤 사람들이 오는지, 얼마나 많은 사람들이 오는지, 분위기는 어떤지, 음식 맛은 어떤지 직접 체험하는 시간도 가졌다. 책을 읽고 토론하는 것과 동시에 실제로 음식점을 다니며 분위기를 파악한 것이다. 그리고 결국 그는 마음을 정하고 지금은 삼성역 부근 일식집에서 요리사의 꿈을 향해 정진하고 있다. 김 팀장은 남편에게 도움을 줘서 고맙다고 인사를 했지만 나는 더 큰 도움을 주지 못해 미안했다. 믿고 도움을 청한 김 팀장에게 오히려 내가 고마웠다.

그런 소문이 꼬리를 물어 계속해서 남편들 상담이 이어지고 있고 대기자들까지 있다. 나는 남편들과 이야기를 하면 할수록 한국에서 남자로 산다는 것이 얼마나 힘든지 알게 되었다. 모멸감을 느끼면서도 견디고 살아가야 하는 이 시대 가장의 현실이 너무 안타까웠다. 그럴 때일수록 스스로 내면의 힘을 키워야 한다. 책을 읽고 토론하며 생각의 힘을 길러야 한다. 그것이야말로 가정에서나 직장에서 스스로 주인이 되어 일을 즐기며 행복하게 살 수 있는 방법이기 때문이다.

| 은퇴자의 공부법 |

가르치며 배우다

황혼이혼 예방교육을 맡다

• • •

충청남도 예산군 노인복지회관에서 황혼이혼 예방을 위한 강의 의뢰가 들어왔다. 일본에서 황혼이혼이 유행한다더니 한국에도 상륙한 모양이라고 생각하며 배우겠다는 자세로 흔쾌히 승낙했다. 예전에 예산군 건강가정지원센터에서 여러 차례 교육을 했는데 그곳에서 소개를 한 모양이었다.

'황혼이혼 예방교육'은 첫 해에는 여러 명의 강사가 몇 주씩 맡아서 교육을 했다. 그러다 다음 해는 한 사람이 전체 강의를 맡아서 하는 것이 효과적이라고 판단해 내가 10강 전체를 맡게 되었다. 다섯 가정의 부부 열 명이 둥그렇게 앉아 강의라기보다는 대화 형식으로 교육을 진행했다.

나는 맨 처음 남자의 뇌와 여자의 뇌 차이점을 설명했다.

"남자는 한 가지 사건에 대해 이야기를 하면 해결되었다고 생각하는 반면 여자는 이야기를 여러 번 해도 풀리지 않으면 풀릴 때까지 계속 반복해서 이야기합니다. 혹시 아내가 반복해서 이야기하는 내용이 있으면 말씀해 보세요."

그랬더니 한 분이 대뜸 이렇게 말했다.

"젊었을 때 바람 한 번 핀 깃 가지고 70이 넘었는데 지금까지 그 이야기를 반복한다."

이 이야기를 시작으로 여기저기서 봇물 터지듯 다양한 이야기가 쏟아져 나왔다. 나는 할머니들에게 과거 이야기를 반복하면 남편들은 기억이 안 난다고 하고 화를 내니까 되도록 섭섭했던 과거 이야기는 줄이고 현재 이야기를 많이 하라고 했다. 그러자 할아버지들의 표정이 밝아졌다. 반면 할아버지들에게는 여자들이 과거 섭섭했던 이야기를 끄집어내면 안 풀려서 그러니 화내지 말고 무조건 '잘못했다'와 '미안하다'를 반복하라고 당부했다. 그러자 이번에는 할머니들의 표정이 환해졌다.

그런 다음 배우자에게 고맙게 생각하는 것이 있으면 발표해 보라고 했더니 "그동안 대수술을 다섯 번이나 했다. 죽을 고비를 수없이 넘겼다. 아내가 싫은 내색 한 번 하지 않고 병 수발을 들었다. 아내가 생명의 은인이다"라며 눈시울을 붉히셨다. 하나같이 가난한 집에 시집와 시부모님 모시고 아들딸 낳아 잘 키워 준 공로에 표창장이라도 주고 싶다는 마음들을 표현했다. 할머니들도 마찬가지였다. 한평생 가족을 먹여 살리느라 어깨에 무거운 짐을 졌던 남편이 불쌍하다며 이구동성으로 남편들의 노고에 대해 감사하는 마음을 드러냈다. 10주가 어떻게 지나갔는지 모를 정도로 빠르게 진행되었다.

황혼이혼 예방교육을 마치며 나는 서로 마주 보고 앉아 대화를 나누지 못한 불통이 모든 갈등의 원인이라고 결론 내렸다. 대화의 장을 마련해 주는 것만으로도 많은 문제가 해결될 것이라는 희망도 갖게 되었다. 처음부터 배운다는 자세로 시작했었는데 끝나고 나니 이번 교육 역시 내가 더 많은 것을 얻었다.

자서전 쓰기에서 만난 스승들

• • •

평택 안중도서관, 서울 성북 청수도서관에서 자서전 쓰기 강좌를 해 달라는 부탁이 들어왔다. 시니어들이 도서관을 잘 활용할 수 있게 하기 위한 아이디어로 만들어진 프로그램이었다. 안중도서관에서는 8강, 청수도서관에서는 10강으로 자서전 쓰기 강좌가 시작되었다. 안중도서관에서는 남성과 여성 비율이 비슷했지만, 청수도서관은 전원 여성들로 구성되었다. 색깔이 다른 두 팀을 같은 기간에 요일만 달리 진행할 수 있다는 건 행운이었다.

매 시간 주제를 주고 먼저 생각나는 대로 키워드를 노트에 쓰게 한 다음 발표하는 시간을 가졌다. 참석한 한 분 한 분의 이야기는 한

편의 드라마와 같았다. 청수도서관 강좌에 참석한 분 중 가장 기억에 남는 분은 외동딸로 6·25 전쟁 때 부모님을 따라와 초등학교 교사로 활동한 후 정년퇴직한 선생님이었다. 그분은 이야기를 하는 도중 눈시울을 붉히기도 하고 소녀처럼 티 없이 맑은 웃음을 짓기도 했다. 특히 그녀가 들려주는 북한에서 피난 온 이야기는 아주 실감났다. 무남독녀 외동딸은 부모님의 손에 이끌려 사선을 넘었다고 했다. 가족이 보리밭을 걷고 있는데 갑자기 기관총 총알이 날아와 바닥에 납작 엎드렸단다. 총알에 보리 이삭이 싹둑싹둑 잘리는 장면을 보면서 어두워질 때까지 죽은 듯 기다렸다가 탈출한 이야기를 하면서 마치 그 시절로 돌아간 듯 몸을 부르르 떨었다. 고생 끝에 서울에 정착했고 부모님의 사랑에 힘입어 교사가 되었으며 가정도 꾸렸다고 했다. 한 주, 한 주 자서전 쓰기가 이어지는 동안 그분에게 배울 점이 굉장히 많았다.

그분은 자식들을 낳고 아이들에게 "너는 엄마라는 이름을 나에게 선물했으니 이다음 나에게 하는 모든 것은 보너스다"라고 말했다고 한다. 그런 마음을 갖고 아이들을 키우다 보니 사랑을 듬뿍 줄 수 있어 자녀들을 훌륭하게 키울 수 있었다는 것이다. 그런 마음은 며느리와 손자 손녀들에게까지 고스란히 이어져 지금도 고부 갈등 없이 지낸다고 했다. 나이를 먹으면 살아온 인생이 얼굴에 고스란히 남는다. 그분은 표정이 맑고 고왔으며 인품에서 향기가 풍겼다. 게다가 주위 사람들에게 행복바이러스를 전파해 함께한 사람들 모두

10주 내내 행복해했다.

　안중도서관에서 진행된 자서전 쓰기에서 가장 기억에 남는 분은 박 여사님이다. 박 여사님은 심하게 시집살이를 당한 기억을 여전히 잊지 못하고 있었다. 시어머니로부터 받은 구박은 말로 표현하기 힘들 정도였다. 시동생과의 관계도 시집살이를 더 힘들게 했다. 보통 시집살이를 당한 사람이 나중에 시어머니가 되면 더 혹독하게 며느리를 시집살이 시킨다는 말이 있다. 그러나 박 여사님은 달랐다. 시집살이를 당하면서 맹세를 했다고 한다. 나중에 며느리를 얻으면 절대 이런 서러움을 대물림하지 않으리라!

　어느덧 세월이 흘러, 그녀는 아들 둘을 잘 키워서 며느리 둘을 얻었다. 어떻게 하면 며느리들에게 기쁨을 줄까, 고심 끝에 생일 때 나이 숫자만큼 장미꽃을 선물하기로 했다. 손자가 대학을 갈 만큼 세월이 흘렀는데 매년 한 해도 빠지지 않고 두 며느리에게 장미꽃바구니를 선물하고 있다고 했다.

　그 덕분에 며느리들과 고부간의 갈등을 겪지 않고 있으며 어려운 일이 생기면 친정어머니와 의논하지 않고 시어머니에게 달려온다고 자랑했다. 게다가 정서적으로 편안한 며느리들이 손자, 손녀를 훌륭하게 키웠다고 자랑을 이어 갔다.

　나에게도 며느리와 사위가 있다. 5년 동안의 교재 끝에 결혼한 딸은 어려서부터 모든 일을 나에게 털어놓고 의논했다. 남자 친구와 연애를 할 때도 갈등이 생기면 곧바로 나를 찾아와 구체적인 상황을 말하고 조언을 구했다. 그때마다 나는 예비 사위의 장점만을 이야기했다. 사위가 두 살 연하였기 때문에 '남자는 이성이 발달하는 나이가 여자보다 늦다'는 점을 강조하며 사위의 입장에서 딸을 이해시키려고 노력했다. 그래서인지 딸 부부는 결혼 후에도 보는 내가 흐뭇할 정도로 잘 지내고 있다.

며느리는 친정이 천안인데 근무지가 베이징이었다. 나는 안중도서관에서 배운 걸 실천해 보기로 했다. 아들과 결혼식을 올리기 전 우연히 예비 며느리 생일이 음력 12월 24일이란 걸 알았다. 생일날 아침, 베이징에 있는 지인에게 부탁하여 나이 숫자만큼 장미를 꽂은 꽃바구니를 며느리 사무실로 보냈다. 마침 아들과 함께 한라산을 오르고 있는데 아들 휴대전화로 꽃바구니 사진이 전송되었다. 며느리는 내가 예상했던 것보다 훨씬 더 좋아했다. 나중에 꽃바구니를 정성껏 말려서 내게도 사진을 찍어 보냈다. 지금도 꽃바구니를 보면 그때 받았던 감동이 그대로 되살아난다고 한다. 결혼을 앞두고 서먹서먹할 때 장미꽃 선물이 장벽을 허물고 서로의 마음을 가깝게 한 것이다. 베이징에는 한국 책이 귀하기 때문에 나는 며느리에게 가끔 국제우편으로 책을 보내기도 한다. 지금은 며느리와 카톡으로 문자를 주고받으며 며느리와 시아버지 사이라기보다는 딸과 친정아버지처럼 지낸다.

이처럼 자서전 쓰기를 진행하며 나는 청수와 안중에서 귀한 스승들을 만났다. 한 분 한 분이 한 권의 인문고전과 같다. 책은 읽고

난 후 내용을 쉽게 잊어버리지만 자서전 쓰기에서 들은 감동적인 이야기는 절대 잊히지 않는다. 나는 그분들에게 배운 지혜를 내 삶에서 실천해 가고 있으며 삶을 풍요롭고 행복하게 하는 그분들의 지혜는 우리 집에서도 보석처럼 빛나고 있다.

자서전 쓰기

— 삶의 이야기와 노하우를 글로 남기다

　직장을 퇴직한 후, 시간을 효율적으로 보내기 위해 도서관을 찾는 고학력자들이 부쩍 많아졌다. 그들은 마치 직장으로 출근을 하는 것처럼 도서관에 와서는 보고 싶은 책을 보거나 도서관 교육 프로그램을 들으며 인생 후반기를 보내고 있다. 이런 분들은 젊은 사람들보다 배움에 대한 열정이 뜨겁다. 그로 인해 도서관에서도 시니어들을 위한 교육 프로그램들을 많이 운영하고 있다. 그중 최근 많이 개설되고 있는 강좌가 다름 아닌 '자서전 쓰기'이다.

● **자서전을 써야 하는 이유**

　많은 사람들이 앞만 보고 정신없이 살아간다. 그런데 인생은 열심히 사는 것도 중요하지만 방향이 더 중요하기 때문에 잠시 멈추어 중간 점검을 하는 것이 꼭 필요하다. 그동안 경험한 인생 여행을 정리하다 보면 과거에 쌓였던 여러 문제와 마주하게 된다. 그러면서 당시에 받았던 상처에 대한 부정적 감정을 해소할 수 있다. 또한 글을 쓰다 보면 자신이 얼마나 소중한 존재인가를 느끼게 되고 여생을 가치 있게 보낼 수 있다는 자신감을 갖게 된다. 뿐만 아니라 인생의 거친 파고를 넘어야 할 자녀들과 후손들에게 자신만의 노하우를 남겨 줄 수 있으니 일거삼득이라고 말할 수 있다.

● **자서전을 잘 쓰는 방법**

✓ **설계도가 필요하다**

연대표 만들기 – 개인 사건, 가족 사건, 사회 사건

인생 곡선 그래프 그리기

내 인생 10대 뉴스 적기

추억이 담긴 사진 선택과 메모

✓ **주제를 정하고 쓰다 보면 완성된다**

출생과 어린 시절 – 자주 생각나는 어린 시절의 추억은 무엇이 있나요?

청소년기 – 미래에 대해 바랐던 꿈과 야망은 무엇이었나요?

어른이 되어 – 자신의 첫 직업은 무엇이었으며 왜 그것을 선택했나요?

결혼 생활 – 결혼 생활의 어떤 단계에서 가장 행복했나요?

부모가 되어 – 아이가 태어난 첫 순간의 기억을 말해 보세요.

중년으로 접어들어 – 에너지를 가장 많이 쏟았던 일은 무엇인가요?

할아버지, 할머니가 되어 – 손자, 손녀들에게 들려주고 싶은 말이 있나요?

노년을 보내며 - 기쁜 마음으로 즐기는 일은 무엇인가요?

지혜 나누기 - 자녀들에게 꼭 들려주고 싶은 지혜는 무엇인가요?

편지 쓰기로 정리하기 - 부모, 배우자, 자녀에게 유언을 쓴다면?

● **자서전 쓰기로 달라진 모습**

자서전 쓰기 강좌를 진행하다 보면 처음에는 걱정스러운 표정으로 참가했던 사람들도 시간이 지날수록 표정이 밝아진다. 조금 일찍 썼더라면 본인의 인생이 달라졌을 거라며 아쉬워하는 사람들도 있고, 잘못을 깨닫고 화해를 시도해 관계가 개선되었다는 경우도 있었다. 지루하다고만 여겼던 남는 시간을 취미 생활과 봉사활동으로 알차게 보내고 있다는 사람들의 이야기도 종종 듣는다.

자서전을 쓰면 자신의 인생을 객관적으로 보게 되기 때문에 자랑스러웠거나 후회스러웠던 점을 정확히 볼 수 있다. 지난 과거를 후회해 본들 돌이킬 수 없다는 걸 알기 때문에 남은 인생을 더욱 가치 있게 보내고자 미래를 설계하게 되는 것이다.

사람을 남겨라

작은 도움이 큰 보답으로
•••

인생의 황혼기에 접어들면 대개는 살아온 과거를 뒤돌아보게 된다. 그러면서 인생에 대해 곰곰이 곱씹어 생각하곤 한다. 과연 인생의 결실이 '돈, 권력, 명예'일까? 아니면 곁에 남아 있는 사람일까?

한국은 고령화 사회가 세계 어느 나라보다도 빠르게 진행되고 있다. 우리나라는 과거에 상상할 수 없었던 평균 수명 80세 시대를 열었다. 고령화 사회에서 고령자가 겪게 되는 세 가지 고통이 있다고 한다. '고독, 건강, 돈' 이 세 가지가 나이 든 사람들의 발목을 잡고 죽는 순간까지 힘들게 한다는 것이다. 그중 첫 번째는 고독인데, 건강하게 장수하며 살아가는 사람들의 공통점은 주위에 마음을 터놓고 대화할 사람이 있다는 것이다. 하지만 그런 관계는 짧은 시간에 만들 수 있는 것이 아니다.

형제들이 들으면 섭섭하게 생각할지 모르지만 나에게는 형제보다 더 가깝게 지내는 후배가 있다. 후배와 나는 초등학교 6학년, 중학교 3학년 때 서로 알게 되었으니 45년 가까이 알아온 셈이다. 지금은 한국과 일본에서 따로 떨어져 살지만, 그럼에도 변함없이 만남을 이어 가고 있다. 이런 인연은 오랜 세월이 쌓여 만들어 낸 결실이다. 후배는 젊은 시절 일본 여자를 만나 신혼살림을 차릴 때 전세를 얻을 돈이 없을 정도로 형편이 어려웠다. 그때 나에게 아주 어렵게 돈을 꿔 달라고 부탁했다. 마침 그때 우리집도 이사를 가는 시기여서 돌려받은 전세금을 봉투째 후배에게 건넸다. 후배는 그 돈으로 전셋집을 얻어 2년 정도 한국에서 살다가 일본으로 떠나면서 돈을 갚았다. 그 일로 후배뿐 아니라 후배의 어머니에게서도 고맙다는 말을 몇 번이나 들었다. 그저 당연하다고 여겼던 일인데 여러 사람에게 나에 대한 고마움을 말하고 다녔던 모양이다. 그런 이야기가 다른 사람을 통해 내 귀에까지 들어왔으니 말이다.

지금 후배는 일본에 있지만 후배의 두 딸은 한국에서 대학을 나와 회사 생활을 하고 있다. 나는 가끔 후배의 두 딸과 만나 식사를 하고 이야기를 나누는데, 한번은 후배와 함께한 자리에서 "만약 내가 먼저 세상을 떠날 경우 너희들은 모든 문제를 아버지를 대신해서 선배와 의논하며 살아라"라고 말했다. 자녀들에게 자신을 대신할 사람이라고까지 말해 주어 한편으로 미안하기도 하고 책임감도 느꼈지만 누가 먼저 갈지는 아무도 모를 일이다.

| 은퇴자의 공부법 |

후배와는 다른 지인 몇 명과 책을 읽고 작품의 배경이 되는 곳을 찾아 토론을 하는 모임을 갖고 있다. 한 달에 5만 원씩 모아 1년에 한 번, 일주일도 안 되는 기간이지만 한 해를 살아갈 에너지를 얻고 돌아온다. 이 여행도 후배가 몇 년 동안 귀가 닳도록 이야기해서 이루어진 것인데 덕분에 귀한 연중행사가 되고 있다.

어려운 시절에 맺은 인연

•••

나는 신혼 초에 아버지를 일찍 여읜 4남매를 알게 되었다. 당시 중학생이었던 현미는 음악 실기 시험 때문에 피아노 연습을 해야 했는데 마침 피아노가 있던 우리 집에 친구를 따라온 것이 첫 만남이었다. 현미는 피아노 연습을 꾸준히 하더니 좋은 성적을 받았다고 얼굴에 싱글벙글 웃음꽃이 피었다. 그게 인연이 되어 자주 우리 집을 찾은 현미는 공부도 잘하고 성실했으며 유난히 호기심과 질문이 많았다. 내가 이야기를 잘 들어주고 대답도 정성껏 해 주었더니 오빠인 고등학생, 초등학생인 두 남동생도 데려왔다. 나는 그저 가뭄에 콩 나듯 빵을 사 주거나 영화를 보여 주었을 뿐인데 아이들은 나에게 매우 감사해했다. 아버지의 정에 굶주렸던 4남매에게는 별것 아닌 도움도 크게 느껴졌던 것이리라.

그 집 큰아들이 고등학생 졸업반이 되었을 때 나는 병역특례를 받을 수 있는 회사에 취직자리를 알선해 주었다. 군대를 면제받을 수 있고 월급도 받으니 가족에게 큰 힘이 되리라 생각한 것이다. 그런데 1년 만에 의논 한마디 없이 퇴직을 하고 집으로 돌아왔다. 깜짝 놀라 물었더니 "회사에 근무하면서 대학을 꼭 가야 할 이유를 찾았다"고 말했다. 흔들리지 않는 신념을 알아차리고 학원비로 쓰라고 약간의 돈을 우체국 전신환으로 보냈다. 그런데 대학을 졸업하고 대학원까지 가겠다고 해서 그때도 몇 푼 안 되는 돈을 등록금에 보태라고 보냈다. 그랬던 그가 지금은 1남 7녀를 둔 아버지가 되었다. 아이를 낳을 때마다 이름을 지어 달라고 부탁해서 부족한 실력이지만 정성껏 지어 준 기억도 있다. 그는 지금 유럽에 살고 있는데 메일을 보낼 때마다 나를 아버지라 부른다. 별로 해 준 것도 없는데 민망하고 부끄러울 뿐이다. 몇 년 전 회갑 때에는 유럽의 지인 몇 사람과 함께 찾아와 생일 축하 노래를 불러 주고 멋진 식사 대접에 귀한 선물까지 주어서 과분하기 그지없었다.

그집 둘째아들은 대학 때 맨땅에 헤딩하는 심정으로 영국으로 어학연수를 떠났다는 소식을 들었는데 영국에서 만난 여자와 결혼을 약속했다며 나에게 주례를 부탁했다. 그날 하필이면 고속도로가 막힐 정도로 폭설이 내렸는데 결혼식 날 함박눈이 내리면 잘 산다는 말처럼 두 사람은 행복하게 잘 살고 있다. 어려운 환경을 극복하고 다국적 기업의 영국 책임자가 되어 세계적으로 인정받는 인재로 살아가는 그의 소식을 들을 때마다 대견하고 뿌듯한 마음이 든다.

| 은퇴자의 공부법 |

배고픈 사람에게 밥 한 끼 대접은 평생 잊지 못할 고마움이 될 수 있다. 하지만 우리는 이처럼 간단하고 평범한 진리를 잊고 살아간다. 많은 사람들이 상대방이 잘 될 때만 찾고 인연을 맺기 위해 호들갑을 떤다. 그러나 평생 가는 인연은 호시절에 맺어지는 것이 아니라 어려움을 겪을 때 조건 없이 도와주어야 맺어지는 것이다. 세상을 잘 살았느냐, 잘못 살았느냐는 쉽게 평가할 수 있는 일이 아니다. 내가 죽은 다음 나를 위해 울어 주는 이가 몇 명이나 있느냐에 달려 있을 것이다.

이젠, 디딤돌이 되어

은퇴 세대들이 만나는 장벽

• • •

2015년 1월부터 생산성본부에서 주관하는 은행 지점장 은퇴교육 강의를 맡았다. 일주일 과정인데 4명의 은퇴자가 자신의 경험담을 2시간씩 4개 반을 돌며 강의했다. 3명은 은퇴자 교육에 오랜 경험자들이다. 그런데 이 분야에 초보인 내가 올해부터 끼게 된 것이다. 강단에 섰을 때 나는 깜짝 놀랐다. 대상자들은 은퇴자라고 하기에는 너무 젊었다. 알고 보니 대부분이 1960년 출생자들이었다. 만 55세, 한창 일할 나이였다. 그런데 매월 목표를 달성하기 위해 몸부림쳤던 은행 지점장들은 은퇴 후 설계를 생각할 엄두조차 내지 못했다고 한다.

우리나라 평균 수명은 점점 늘고 있다. 옛날에는 상상할 수도 없었던 100세를 넘긴 어르신들이 내 주위에도 한 분 두 분 늘고 있다. 남은 세월을 어떻게 보내야 할지 심각하게 고민하지 않을 수 없는 상황이 눈앞에 현실로 다가왔다.

　나는 지금 내 나이가 63세인데 75세까지 일선에서 일할 구체적인 계획이 서 있다고 말했다. 그러자 사람들이 강의를 듣는 자세가 달라졌다.

　고령화 시대를 연구한 전문가들은 '건강, 경제, 고독'이라는 삼중고를 이야기한다. 당장에 끊긴 수입 문제를 해결한답시고 돌아다니다가는 은퇴자의 문제점을 훤히 꿰뚫어 보고 있는 사기꾼의 좋은 먹잇감이 될 뿐이다. 결국 평생 이어 온 인맥과 돈을 한 방에 날려 버린 사람들의 이야기는 자주 듣는 이야기이다. 젊었을 때 실패의 경험은 좋은 약이 되지만 나이 먹은 뒤 맞닥뜨리는 실패는 다시 일어설 수 없는 고통의 늪에 빠지게 한다.

　한편 은퇴 후 시간이 많다며 좋아하고, 자유를 만끽하는 사람도 있을 것이다. 처음 얼마 동안은 여행도 가고 친구도 만나고 등산도 하면서 마냥 즐거울 것처럼 보내지만, 시간이 지날수록 자유 시간은 재앙처럼 느껴질 것이다. 제법 많은 직원을 두고 회사를 경영하던 사장과 교육으로 만나 꽤 친하게 지냈던 적이 있었다. 회사 직원들 교육도 해 주고 직원들과 같이 해외 연수도 다녀왔다. 사장은 직원들과 더불어 인간미 넘치는 회사를 경영했는데 IMF 때 제법 큰돈을 받고 회사를 넘겼다. 그러자 하루 24시간도 부족한 것처럼 살던 사람이 갑자기 여유가 생겼다.

　그게 화근이었다. 친구 사무실에 가는 것도 한 번 두 번이지 눈치가 보였고, 여행도 바쁜 일성을 쪼개서 갈 때는 꿀맛이었지만 남는 게 시간인 상태에서는 해외여행도 전혀 즐겁지 않았다고 하소연했다. 건강하던 사람이 끙끙 앓더니 결국 우울증까지 왔다. 그는 고민 끝에 가족들을 데리고 한국을 떠나 캐나다로 이민을 갔다. 유난히 정이 많던 사람이었는데 캐나다에서 맘 붙이고 잘 살고 있는지 소식이 끊겨져 알 길이 없다.

노후 준비로 경제적인 문제만 해결하면 된다고 여기며 살아온 사람들이나 새벽부터 밤늦게까지 죽어라 일만 해 오던 사람들은 '헛살았다'는 사실을 말년에야 뒤늦게 깨닫는다. 게다가 은퇴 후 가족들로부터 외면당하는 가장들이 의외로 많다. 특히 자녀들을 엄하게 키운 가장일수록 그 충격은 크다. 어릴 때부터 엄하게 교육받은 자녀들은 나이를 먹어도 아버지와 만남이 편안하지 않고 긴장된다고 말한다. 아버지가 불편하기 때문에 들어오는 발자국 소리만 들려도 자기 방으로 들어간다는, 소위 말하는 '바퀴벌레 가족'이 되는 서글픈 모습에 처하게 되는 것이다.

가족들을 위해 평생 희생해 온 가장들이 겪는 충격과 고통은 이루 형언할 수 없을 것이다. 가족 관계를 개선하기 위해 고심 끝에 이벤트로 해외여행을 제안해 보았지만 한마디로 거절당했다고 한숨 쉬는 가장을 본 적이 있다. 하지만 포기하지 않고 노력한다면 방법은 얼마든지 찾을 수 있다.

늙는다는 건 생각이 굳어지는 것

• • •

내가 참여하고 있는 독서토론 모임에는 주로 젊은 여성들이 많다. 나처럼 나이 많고, 게다가 은퇴자인 남자는 다섯 손가락으로 꼽기에도 그 수가 모자란다. 토론은 다양한 생각을 나누기 위해 모인 곳이기 때문에 젊은이들은 나이 든 사람의 이야기에 귀를 기울인다. 세상 어디에나 희소성의 법칙은 통하나 보다.

여러 강좌 중 영화토론은 정해 준 영화를 미리 본 다음 토요일 오후 7시 30분부터 10시까지 토론이 이루어진다. 우리 세대는 영상 세대가 아니기 때문에 젊은이들과 비교하면 영상 관련 분야에 지식이 많이 부족하다. 그래서 초기 얼마 동안은 젊은 사람들의 이야기를 경청하기만 했다. 그러다 횟수가 늘어갈수록 발표를 하는 횟수도 늘어났다. 누구나 자신이 아는 것만큼 보이고 들리게 되어 있다. 그래서 나는 내 나름대로 인생을 살아온 장점을 살려 젊은이들이 생각지 못한 관점에서 이야기를 했다. 그러자 이제는 당당히 도움을 줄수 있는 존재가 되었다.

한번은 영화토론 논제로 결혼에 대한 이야기가 나왔다. 젊은이들은 꼭 결혼할 필요는 없다고 주장하는 사람이 많았다. 나는 결혼 적령기의 삼남매를 둔 아버지였기 때문에 삼포, 오포, 다포 시대의 아픔을 가까이에서 알게 되었다. 그러면서 자녀들의 결혼에 대해 걱정이 되었다는 솔직한 마음을 조심스럽게 털어놓았다. 자녀들이 짝을 만나 오순도순 살아가는 모습을 보며 느끼는 감정을 털어놓았더니 젊은이들은 아버지의 입장에서 생각해 보게 되었다고 고마워했다. 그러다 보니 이제는 사정이 있어 모임에 가지 못할 때면 참석자들이 아쉬워한다. 어떤 모임에서 진정으로 필요한 사람이 된다는 것은 아주 기분 좋은 일이다.

우리 또래가 오늘날의 젊은이들이 무슨 생각을 하고 있는지 속마음까지 들을 수 있는 기회는 좀처럼 얻기 힘들다. 하지만 책이나 영화를 보고 같은 주제로 토론을 하다 보면 나이를 초월해서 이야기를 주고받게 되니 서로에게 배울 수 있다. 이때 주의해야 할 것이 조금이라도 그들을 가르치려 들면 젊은이들은 피하려 한다는 것이다. 어리다고 해도 배우려는 마음으로 대해야지 흉금을 털어놓고 이야기할 수 있는 사이가 될 수 있다.

나이 든 사람들의 공통점은 몸과 생각이 굳어져 유연성이 떨어진다는 것이다. 굳어져 간다는 것은 늙어 가고 죽어 가는 징조이다. 굳어지지 않기 위해서는 끊임없이 호기심을 가지고 배워야 한다. 배움은 끝이 없다. 그래서 나는 죽는 순간까지 배움의 끈을 놓지 않을 생각이다. 이런 생각만 해도 가슴이 떨린다. 게다가 배우는 것만으로 끝내지 않고 다른 사람과 작은 것이라도 나눌 수 있으니 이 얼마나 행복한 일인가!

| 은퇴자의 공부법 |

걸림돌을 디딤돌로

• • •

독서토론 리더양성과정을 처음 시작했을 때의 떨림은 지금도 종종 생각난다. 무슨 일이든지 처음 배우는 사람은 어렵다고 느낀다. 운전을 배우지 않았을 때는 쌩쌩 달리는 운전자가 대단한 능력자처럼 보이지만 막상 운전을 하면 어렵지 않다는 것을 알게 된다. 물론 나이가 들면 남들보다 시간이 조금 더 걸릴지도 모른다. 하지만 경험과 경륜이 있기에 더 넓고 깊은 시야를 가질 수 있다. 자리는 누가 만들어 주는 것이 아니다. 노력해서 내 자리를 만들면 본인의 삶도 풍요로질 뿐만 아니라 다른 사람들을 도울 수 있게 된다.

나는 2015년 초부터 온라인 토론에 참여하고 있다. 카카오톡을 이용해서 일요일 저녁 9시 얼굴도 모르는 사람들이 컴퓨터 앞에 모여든다. 파라과이에서 토론에 참여하는 분도 있다. 인원은 10명 정도이고, 정해진 시간은 1시간 30분인데 매번 길어진다. 각자 같은 책을 읽고 미리 받은 논제를 토대로 많은 이야기를 나눈다. 온라인 토론은 순간 떠오른 내 생각을 워드로 칠 수 있는 순발력이 있어야 한다. 온라인 토론에 참여하면서 앞으로 외국에서 생활하고 있는 아들, 며느리와 한국에 있는 사위, 딸과 온라인 토론을 하겠다는 목표가 생겼다. 손자, 손녀들과 온라인 토론을 하게 되는 날이 반드시 오리라 상상하는 것만으로도 10년은 젊어지는 느낌이다. 온라인이라는 공간에서는 진심이 담긴 생각이 빛을 발한다. 포도주가 오래 묵

을수록 더 많은 사람들의 사랑을 받듯 나이 먹은 이들이 살면서 경험으로 얻고 발효된 생각이 더 귀한 대접을 받는 재미있는 세상이 오고 있다.

요즈음 젊은 친구들에게 가장 많이 듣는 말이 나를 "역할모델로 삼고 싶다"는 것이다. 별로 내세울 것 없는 나이 먹은 사람을 역할 모델로 삼고 싶다니 부끄러울 따름이다. 하지만 한두 사람도 아니고 여러 사람들로부터 말을 듣다 보니 그 이유를 곰곰이 생각해 보게 되었다.

나는 늘 배움에 목말라 있다. 차를 타고 다니는 시간이 아까워 지하철을 타고 다니며 책을 읽는다. 그럼 책상에 앉아서 읽는 것보다 훨씬 기억에 많이 남는다. 어쩌다 차를 운전할 때에는 유튜브 강의를 듣는다. 지하철과 자동차가 교실로 바뀌는 순간이다. 새로운 강좌가 개설되면 시간이 허락되는 한 꼭 등록해서 공부를 하고 있다. 이렇게 햇수로 5년을 달려오니 내 삶은 크게 달라졌다.

63세, 나는 지금 내 나이가 내 생애 가장 절정이라고 감히 말할 수 있다. 그리고 75세까지 현역에서 활동하리라 마음먹고 있다. 요즘은 학교 수업, 인문학 특강, 독서토론 진행 등 젊은이들도 소화하기 힘든 스케줄을 쉬엄쉬엄 즐기며 거뜬히 소화하고 있다. 요즘 '아는 사람이 좋아하는 사람을, 좋아하는 사람이 즐기는 사람을 이길 수 없다'는 말을 실감하고 있다. 즐기며 살다 보니 고령화 시대의 삼중고 건강, 경제, 고독 문제는 봄눈 녹듯이 자연스레 해결되었다. 누구나 살다 보면 가로놓인 높은 벽에 좌절하는 순간이 있다. 그러나 벽은 바라보라고 있는 것이 아니라 넘어가라고 있는 것이다. 넘다 보면 의외로 얻는 것이 많다. 열심히 인생을 살아왔지만 인생 후반기에 사회로 내몰린 은퇴자들, 세상의 벽을 바라보며 두려움을 느끼는 그들에게 희망의 작은 불씨가 되고 싶다.

인생 후반기에 찾은 공부하는 즐거움

— 은퇴자들과의 대화

오늘날은 평생 한 가지 직업으로 살아갈 수 없는 시대라고 한다. 그럼에도 불구하고 많은 사람들이 직장을 그만둬야 할 때 큰 불안 감과 상실감을 느낀다. 그건 정년퇴직을 하는 경우도 마찬가지이다. '은퇴'의 사전적인 의미는 '직임에서 물러나거나 사회 활동에서 손을 떼고 한가히 지냄'이다. 하지만 이 말은 수명 100세 시대인 오늘 날에는 어울리지 않는 말일 것이다.

이 책의 저자인 세 분은 시기와 형태는 다르지만 모두 현직에서 물러나 인생 2막을 행복하고 열정적으로 살고 있는 분들이다. 자신 이 좋아하는 책을 읽고 공부하면서 꿈꾸던 삶을 살고 있고, 나아가 새로운 직업을 얻어 정년이 없는 삶을 살아가고 있다. 은퇴와 공부 에 대해 세 분의 진솔한 이야기를 들어보자.

오선이 어른의시간 편집장

오선이 본문 내용에 퇴직에 대한 재미있는 이야기가 나옵니다. 퇴직에는 정퇴, 명퇴, 조퇴, 졸퇴가 있다고 하셨는데요, 세 분은 어느 쪽에 속하시나요?

윤영선 저는 정퇴자입니다. 2014년 12월 말 정년퇴직했습니다. 32년간 연구기관 두 곳을 다녔는데 직장 문을 나서 보니 정년퇴직은 정말 운이 좋은 케이스더군요. 두 분 선배님들에 비하면 저는 따끈따끈한 은퇴 초년생입니다.

윤석윤 저는 조퇴와 졸퇴를 다 경험했어요. 본문에도 썼는데 처음 참치 원양어선을 타는 것으로 사회생활을 시작했다가 공부하려고 5년 만에 그만뒀어요. 미국으로 공부하러 떠난다고 회사를 그만둔 적도 있고, 이후 무역회사, 시계 회사, 교육 회사, 마케팅 회사 등을 옮겨 다녔지요. 1996년에는 다니던 회사가 부도나는 바람에 갑자기 직장을 잃어 '졸퇴'도 경험했습니다. 그런데 '졸퇴' 후에 트라우마가 생겼어요. 회사 내에서 '경영 철학과 팀워크'가 맞지 않으면 스트레스가 심하더라고요. 투자를 해 보려다가 실패를 맛보기도 했지만 다행히 최종적으로 프리랜서 강사에 안착을 했습니다.

최병일 저는 조퇴에 속합니다. 원래 연수원에서 근무했는데 IMF 때 기업들이 가장 먼저 교육예산을 줄였습니다. 교육관련 업체들이 도

미노처럼 도산으로 이어졌지요. 내가 근무하던 연수원도 갑자기 교육생이 들어오지 않자 인원 감축 이야기가 자연스레 나왔어요. 이런 상황이 언제까지 계속될지 예측할 수 없어서 자진해 퇴직을 결정하고 바로 사직서를 썼습니다. 그 당시는 암담한 기분이 들었지만 지나고 보니 너무나 잘한 결정이라고 생각합니다.

오선이   정퇴하신 윤영선 선생님께 먼저 여쭤 보면, 정년퇴직 때 어떤 생각이 먼저 드셨나요? 이제 자유다, 아니면 이제 뭐하나?

윤영선   호기심 반 두려움 반이라고 할까요? 그러나 솔직히 말하면 두려움이 더 컸습니다. 정년퇴직임에도 불구하고 대책 없이 쫓겨난다는 기분이 들기도 했거든요. 나름대로 은퇴 준비를 충실하게 했지만 그 어느 것도 확실한 건 없었습니다. 당장 먹고사는 문제와 인간관계의 단절에 대한 두려움이 컸습니다. 가족 특히 아내와의 새로운 관계 설정도 은근히 저의 마음을 압박했습니다. 이런 문제들은 여전히 현재 진행형이기도 하고요.

오선이   은퇴 시점이 다가올수록 압박감이 굉장히 클 것 같은데요, 5년, 3년, 1년…… 이렇게 정년퇴직이 다가올 때는 기분이 어떠셨어요?

윤영선   아무리 은퇴 준비를 열심히 해도 두려움을 완전히 떨쳐 낼 수는 없었습니다. 퇴직 시점이 가까이 다가올수록 심리적 압박감은 점점 더 커졌지요. 막연한 불안감이 점점 구체화되는 느낌이랄까요. 저는 은퇴하면 제가 하고 싶은 일을 새롭게 할 거라고 생각하며 오래전부터 그런 방향으로 준비를 해 왔습니다. 하지만 그럼에도 불구하고 막연하게 누가 날 잡아 주지 않을까 하는 은근한 기대감을 버릴 수 없었어요. 전문직이었기 때문에 은퇴 후에도 한동안은 일거리가 있을 거라 기대한 거죠. 그렇게 일정 기간 돈을 벌면서 순차적으로 하고 싶은 일을 해 나가겠다고 생각했습니다. 그러나 은퇴 시점이 가까워질수록 그게 다 꿈같은 생각이라는 걸 알게 되었죠. 그러자 실망감과 두려움이 동시에 밀려왔습니다.

오선이 가장 안 좋은 경우가 '졸퇴'라고 하셨는데 윤석윤 선생님은 갑자기 직장을 잃었을 때 어떤 기분이셨나요?

윤석윤 황당했죠. 그때가 1996년 1월 초였는데 당시 제가 회사 임원으로 금융기관 대출 연대보증인이기도 했습니다. 갑자기 직장도 잃고 신용불량자가 되고 말았죠. 우리 사회가 경험한 대표적인 '졸퇴' 사례가 1997년 12월의 IMF잖아요. 갑자기 직장을 잃은 사람들의 마음을 저는 알아요. 다니던 회사의 부도로 일자리가 사라져 버리거나 잘리는 경우, 이게 말이 좋아 '명퇴'지 본인의 의사와 상관없이 쫓겨나는 거잖아요.

오선이 정퇴든 졸퇴든 직장을 잃는다는 불안과 두려운 마음은 비슷한 것 같습니다. 그럼 경험자로서 은퇴자에게 가장 큰 고민은 뭐라고 생각하세요? 역시 금전적인 문제일까요?

윤영선 그렇죠. 누가 금전 문제가 아니라고 말할 수 있겠습니까. 얼마 전 신문에서 우리나라 50~60대 가장의 부동산을 포함한 평균자산이 3억 원이 조금 넘는다는 기사를 본 적이 있습니다. 부자들의 자산이 평균에 포함된 결과이니 실제 중간 위치 가정의 자산은 그보다 훨씬 못 미칠 것입니다. 그 돈으로 자식 결혼시키고 30년 정도는 더 살아야 하니 이보다 심각한 문제가 어디 있겠습니까? 그러나 저는 조금 다르게 생각해 볼 필요가 있다고 말하고 싶습니다. 사회가 은근히 겁을 주는 경제 문제에 대해 지나치게 민감할 필요가 없다고 생각합니다. 너무 벌벌 떨며 살 필요는 없다는 뜻이지요. 나에게 필요한 돈의 기준을 좀 낮추는 것도 가능하잖아요. 나는 공부가 그 길을 안내한다고 생각합니다.

윤석윤 저 역시 1차적인 문제는 경제적인 문제라고 생각합니다. 서울대 사회학과 송호근 교수는 『그들은 소리 내 울지 않는다』에서 베이비붐 세대의 애환을 다루고 있어요. 경제적으로 준비하지 못한 노후에 대한 두려움과 어려움이라고 할까요? 그것을 '재정절벽'이라고 표현하더군요. 준비되지 못한 노후는 재앙일 수 있잖아요. 여기서 문제는 책임을 모두 개인에게 돌리는 경향이 있다는 것이지요. 국가가 사회 안전망을 잘 만들어야 하는데 그러지 못한 것도 문제이고요. 한국의 베이비붐 세대는 '막초세대'예요. 부모에게 효도를 해야 하는 마지막 세대이자 자식으로부터 효도 받기를 포기하는 첫 세대인 거죠. 나는 노후 재테크의 최선의 방법은 '노(勞)테크'라고 생각해요. 즉 일이 있는 것이 중요하다는 말입니다. 제가 인천노인인력개발센터에서 강의를 하고 있는데 약 18,000명이 일주일에 3~4일 하루 4시간을 일하면 20만 원 정도를 받아요. 그런데 그것도 신청자들이 넘쳐서 대기자들이 많다고 하더라고요.

최병일 우리나라는 사회 안전망이 잘 갖춰져 있지 않기 때문에 여러 가지 문제가 한꺼번에 복합적으로 다가옵니다. 가정에서는 자녀들의 교육, 취업, 결혼 등 풀어야 할 큰 과제가 남아 있어요. 개인적으로는 건강, 인간관계, 경제적인 문제가 있고요. 특히 남자들은 일을 하려고 해도 할 일이 없을 경우 무기력한 상태에 빠집니다. 저는 여러 가지 문제 중 할일이 없는 것이 가장 큰 고민이라고 봅니다.

오선이 그런 점에서 보면 최병일 선생님은 지금도 활발하게 활동을 하고 계셔서 고민이 없으실 것 같습니다. 선생님은 회사를 그만두고 꽤 일찍 강사의 길로 들어서서 은퇴라기보다는 자연스럽게 강사라는 직업으로 옮겨 가신 것 같은데 어떠신가요?

최병일 저도 연수원을 그만둘 때는 앞이 캄캄했습니다. 당시 삼남매가 모두 초등학교를 다니고 있었거든요. 그래서 어떻게 하면 교육을 잘 시킬 수 있을까 그 걱정뿐이었습니다. 늘 아이들 생각이 머릿속을 떠나지 않았지요. 하지만 회사를 나온 뒤 바로 다른 일을 시작하지 않고 조금 느긋하게 마음먹고 교육을 받으러 다녔습니다. 갑자기 퇴직을 했기 때문에 미리 준비를 못한 탓도 있지요. 강사의 생명은 콘텐츠라고 생각했기 때문에 내가 잘할 수 있는 분야를 찾아 나섰어요. 그때 조급하게 생각하지 않고 여러 분야의 교육을 받으러 다닌 것이 참 잘한 것 같아요. 당시 교육받았던 인간관계 관련 콘텐츠는 지금도 제가 강의할 때 효자노릇을 하고 있거든요.

오선이 세 분은 모두 은퇴 후 책을 접하고, 독서토론을 접하며 강사라는 새로운 직업을 갖게 되셨는데요, 모두 어린 시절부터 독서나 공부를 좋아하셨나요?

윤영선 어릴 적, 그러니까 초등학교 저학년 시절에는 집에 있는 백과사전이나 전집 등을 자주 꺼내 읽곤 했습니다. 그 시절 특히 외국의 문물이나 지리 등에 대한 글과 사진을 보고 혼자 상상의 나래를 펴곤 했지요. 아버지가 초등학교 선생님이었는데 책을 좋아하셨어요. 그래서 아버지 영향을 많이 받은 것 같습니다. 그러나 그것으로 끝이었어요. 초등학교 이후부터는 입시 준비를 위해 공부를 한 것

말고는 별다른 기억이 없습니다. 내 인생에서 책은 교과서나 참고서 그리고 전문서적과 영어책이 전부였습니다. 그런데 50세가 넘어 은퇴를 앞두자 인생에 대한 후회가 밀려오더군요. 그제야 인문학 분야의 책을 읽기 시작했지요. 요즘은 지적 호기심이 되살아나고 있는 것 같은 기분을 느낍니다.

윤석윤 저 역시 집안 분위기 때문에 책을 좋아하게 된 것 같아요. 제 아버님도 책을 좋아하셨거든요. 지금도 저는 만화와 영화, 책을 제 인생의 동반자로 꼽습니다. 글자를 알게 되면서 처음 읽었던 만화는 요즘에도 즐기고 있어요. 어릴 때는 영화를 보면서 연극배우를 꿈꾸기도 했지요.

그리고 책은 늘 저와 함께였습니다. 활자중독증까지는 아니지만 늘 알고 싶고, 배우고 싶고, 성장하고 싶은 욕구와 결핍이 있었어요. 신기하게도 TV를 조금 오래 보면 머리가 아픈데, 책은 아무리 오래 읽어도 그런 일이 없어요. 오히려 내적으로 충만한 느낌이 들어요. 남자는 다섯 수레의 책을 읽어야 한다는 '남아수독오거서(男兒須讀五車書)', 많이 읽다 보면 스스로 터득하게 된다는 '독서백편의자현(讀書百遍義自見)'이라는 말을 입에 달고 살았어요. 늘 책 읽는 게 즐겁고 재미있었습니다.

최병일 저는 산과 들로 둘러싸인 섬진강 상류 마을에서 태어나서 어렸을 때는 물고기 잡고 뛰어 노느라 정신없이 지냈어요. 부모님은 새벽부터 밤늦게까지 농사일을 하셔야 했기 때문에 6남매의 장남인 내 등에는 동생들이 늘 업혀 있었습니다. 핑계 같지만 제대로 지도해 줄 스승, 보고 따라 할 역할모델, 공부할 수 있는 환경 등 어느 것 하나 제대로 갖춰진 것이 없었습니다. 인생을 살아가는 데 가장 중요한 기초공사라 할 수 있는 공부 습관, 독서 습관이 전혀 형성되지 않았지요. 어린 시절 독서 습관을 갖지 못한 게 가장 큰 아쉬움입니다.

오선이 그럼 책을 좋아하게 된 계기가 있으신가요?

최병일 본문에도 썼는데 강사를 꿈꾸던 고등학교 때 좋은 강의를 들으려고 여기저기 쫓아다녔습니다. 그러던 중 하루는 너무 멋진 강의를 들었어요. 용기를 내 강사를 찾아가 물어봤지요. 어떻게 하면 나도 선생님처럼 강의를 잘 할 수 있냐고 물었더니 "3,000권의 책을 읽으면 명강사가 될 수 있다"고 말씀하셨어요. 그래서 일단 장편 역사 소설을 읽기 시작했습니다. 그러다 보니 이야기 속에 빠져들었고 그렇게 책과 인연을 맺게 된 겁니다.

오선이 은퇴하신 분들이 가장 많이 찾는 것이 등산과 같은 운동이나 여행, 책 읽기, 글쓰기가 아닐까 싶습니다. 늦은 나이에 책을 읽는 분들은 어떤 이유에서일까요?

| 은퇴자의 공부법 |

윤영선 제 주변을 봐도 책을 찾고 공부를 하고 싶어 하는 사람이 많은 건 확실한 것 같습니다. 그런데 공부를 하고 싶어도 책 읽기에 적극적으로 나서는 사람은 여전히 많지 않다고 생각합니다. 첫째는 용기가 없어서이고 둘째는 책을 읽고 공부하는 길을 잘 모르기 때문이겠지요. 은퇴자들에게 가장 큰 적은 무엇을 하고 싶으나 막상 그것을 실천하는 데 주저한다는 것입니다. 새로운 도전을 두려워한다는 것이 가장 큰 문제이지요. 게다가 혼자서 책 읽고 공부하는 것은 한계가 있습니다. 국가나 사회가 나서서 은퇴자들에게 독서와 공부를 안내하는 역할을 좀 더 활성화 하면 좋겠다고 생각합니다.

윤석윤 책을 찾는다는 건 내적인 갈증을 해소하기 위해서가 아닐까요? 목이 마르면 물을 마실 수밖에 없잖아요. 그런데 이런 추세는 점점 늘어날 거예요. 베이비붐 세대 이후부터 대학까지 제대로 공부한 사람들의 숫자가 증가하기 시작했잖아요. 한국이 보릿고개를 넘어 하루 삼시세끼 문제를 해결한 것이 1970년대 후반이라고 해요. 밥 문제는 '생존'의 문제예요. 그리고 생존을 넘어서면 '행복'을 추구하게 되지요.
은퇴자들은 직장에 다닐 때 하지 못했던 내적인 욕구를 충족시키려고 해요. 매슬로우가 주장하는 '인간욕구 5단계설'에서도 나오는데 생존과 안전, 소속과 인정욕구을 넘어서면 자아실현의 욕구가 발동합니다. 내적 성장을 위한 욕구는 언제나 우리의 마음속에 잠재해 있어요. 다만 외적인 조건, 환경에 의해 억압되죠. 은퇴자들에게는 그 욕구를 누르는 억압 환경이 사라졌잖아요. 게다가 자식들을 부양할 의무도 마쳤고요. 오롯이 자신들에게 집중할 수 있는 시기가 도래한 것입니다. 요즘 도서관 열람실에 가면 책 읽는 은퇴자들이 많이 눈에 띄어요. 어떤 도서관에는 실버 세대를 위한 열람실이 따로 있더라고요.

최병일 보통 은퇴하면 그동안 직장생활 하느라 시간이 없어서 못 갔던 여행을 가는 사람들이 많습니다. 친구들하고 어울려 등산도 하고 낚시도 해 보지만 가끔 하는 거지 계속 할 수 없다는 것을 얼마 지나지 않아 깨닫습니다. 그리고 그동안 가족들과 편하게 대화한 경험이 없기 때문에 대화를 주고받는 방법조차 몰라 자연히 외로워집니다. 그 나이에 새로운 친구를 사귀는 것도 대단히 어렵습니다. 시간은 남아돌지만 사람들과 관계 맺기는 서툴다 보니 자연스레 책과 친구가 됩니다. 책을 읽다 보면 외롭지 않습니다. 책에서 얻을 수 있는 다양한 간접 경험이 위로도 되고 또한 살아갈 에너지도 얻을 수 있기 때문이죠.

오선이 은퇴하고 좋아하는 일이나 취미를 찾는 건 무척 힘든 일이라고 생각합니다. 세 분은 그걸 찾는 노하우가 있으신가요?

윤영선 저는 두 가지를 말하고 싶습니다. 첫째는 어릴 적 자기로 돌아가 볼 필요가 있다고 생각합니다. 세상에 물들기 전, 그러니까 초등학교 시절로 돌아가 그 시절 자기가 무엇을 잘했고 무엇을 하기를 원했는지 생각해 볼 필요가 있습니다. 저는 그렇게 해서 그림 공부를 시작했고 2년 6개월째 계속하고 있습니다. 둘째는 중도에 포기하지 말라는 것입니다. 대부분의 사람들이 잠깐 하다가 중도에 포기하고 맙니다. 그렇게 해선 그 어떤 것도 자기 것으로 만들 수 없습니다. 1만 시간의 법칙이 있듯이 지속적으로 하는 것만이 확실한 자기 것을 만드는 비결입니다. 은퇴 후 30년 정도의 시간이 남아 있으므로 무엇을 하든 꾸준히만 하면 못 이룰 것이 없습니다.

윤석윤 자신이 하고 싶은 것이 무엇인지 자신과 대화하는 시간이 필요하겠죠. 저는 젊어서부터 꿈 리스트를 적었어요. '책 쓰기'는 그중 하나였지요. 건강을 위해서는 '마라톤 풀코스 완주'가 목표였는데 그것은 이미 이뤘어요. 10번이 넘게 마라톤 풀코스를 완주했으니까요. 하지만 2년 만에 다시 조깅을 시작했어요. 늘어나는 체중을 감당하기 힘들더라고요. 늘 기본 체력은 유지해야 하는데 가장 좋은 게 조깅 정도의 달리기이고, 이것이 힘들면 '걷기'를 하려고 해요. 전국 각지의 '둘레길'을 탐방하는 목표도 세웠습니다. 재즈 피아노와 기타, 드럼, 사물놀이, 스포츠댄스도 배우고 싶어요. 물론 책은 항상 읽을 것이고 토론과 글쓰기도 계속할 생각이에요.

최병일 저는 하루 중 책과 가장 오랜 시간을 보냅니다. 책은 인생의 동반자입니다. 과거에는 타율적이거나 의무감으로 책을 읽었다면 지금은 스스로 원해서 책을 읽다 보니 이제는 책과 친한 친구가 되었습니다. 많은 사람들이 나이가 들수록 외롭다고 하는데 나는 책이 옆에 있어서 외로울 틈이 없습니다. 요즘은 글쓰기도 조금씩 친해지기 시작했습니다. 무엇이든 처음에는 힘들고 부담스럽게 느껴지지만 꾸준히 하다 보면 맛을 느끼게 되고 익숙해지면 평생 동반자의 관계가 형성된다고 봅니다.

오선이 그럼 은퇴자에게 공부는 어떤 의미일까요?

윤영선 저는 은퇴자에게 공부는 취미이기 이전에 필수라고 생각합니다. 공부는 다른 취미들과 좀 다르게 생각할 필요가 있습니다. 다른 좋아하는 일을 열심히 하되 공부를 전혀 도외시하지 않았으면 하는 바람입니다. 인생 후반의 공부가 노년의 삶을 더욱 의미 있고 풍요롭게 만든다는 건 여러 전문가들의 공통된 주장입니다. 또한 노년에는 건강이 무엇보다 중요합니다. 그것을 위해서 육체운동과 더불어 정신운동, 즉 공부를 게을리하지 않기를 부탁드립니다. 가을이 독서의 계절이듯이 인생 후반은 정말 공부하기 좋은 시기입니다. 하루에 한 시간이라도 책 읽는 생활을 꾸준히 실천해 보기를 권합니다.

| 은퇴자의 공부법 |

윤석윤 공부는 삶 자체라고 생각해요. 우리는 늘 배우고 익히고 사랑하며 살고 있잖아요. 고전평론가 고미숙이 『호모 쿵푸스』에서 주장한 것처럼 삶 자체가 모두 공부라고 생각해요. 저는 그중 지적인 삶에 초점을 맞추고 싶어요. 결국 '책'이죠. 그런데 혼자 읽는 책이 아닌 함께 읽는 책 읽기로 나가야 한다고 생각해요. 세대간의 대화, 시민 교육의 현장이 독서토론이에요. 노인의 세 가지 고통이 '돈 없음, 질병, 외로움'이래요. 외로움은 책 읽고 토론하면 해결될 수 있다고 생각해요. 세대간 갈등도 완화시킬 수 있고, 사회적 문제도 함께 조망해 볼 수 있죠. 글쓰기도 추천하고 싶습니다. 자기 자신과 대화를 하는 데 가장 좋은 수단 중 하나라고 생각하니까요.

최병일 인간의 판단에 문제를 일으키는 세 가지가 있는데 고정관념, 선입관념, 편견이라고 합니다. 나이가 들면 이 세 가지가 점점 쌓이고 굳어져 인간관계가 불편해지고 주위 사람들과 갈등이 심화되는 경우를 종종 목격하게 됩니다. 몸이 굳어지면 병이 들고 죽음에 이르는 것처럼 생각도 굳어지면 다른 사람에 대한 공감 능력이 떨어지고 외로워집니다. 생각을 유연하게 하기 위해서는 공부가 해답이라고 생각합니다. 젊은이들이 찾아와서 상담하고 싶은 지혜를 갖춘, 향기 나는 사람이 되기 위해 죽는 날까지 공부하려고 합니다.

오선이 본문에서 최병일 선생님은 '75세까지 일선에 있을 계획이 있다!'고 말씀하셨는데 앞으로 다른 계획이 있으신가요?

최병일 남들이 어떻게 생각할지 모르지만 요즘 더욱 바빠지고 있습니다. 젊은 사람이 필요한 곳도 있지만 나이 든 사람이 필요한 곳도 많다는 증거겠지요. 운전자들에게 하고 있는 인문학 특강은 젊은 사람들이 강의하기는 어렵습니다. 노인 자서전 쓰기를 몇 차례 진행하기도 했는데 이 역시 나이 든 사람들만이 할 수 있는 프로그램입니다. 토론도 점점 콘텐츠를 더해 가고 있습니다. 최근에 시를 읽고 토론하는 팀의 리더 역할을 하고 있는데, 시는 감성을 자극하는 대단한 도구라는 사실을 발견했습니다. 늦은 감이 있지만 글쓰기도 꾸준히 해서 나중에는 온전히 혼자 쓴 책을 내고 싶습니다.

윤영선 은퇴 후 직장을 얻었다 한들 얼마나 더 오래 하겠습니까? 얼마 안 가 곧 그만두게 되겠죠. 저는 은퇴자들이야말로 자유직업인 또는 자영업자가 되어야 한다고 생각합니다. 물론 돈을 투자하는 자영업자가 아니라 재능을 투자하는 자영업자 말입니다. 그래서 저는 제가 좋아하는 독서와 글쓰기를 택했습니다. 저는 목숨이 다하는 날까지 이 일을 계속하고 싶습니다.

윤석윤 저도 강사로서 할 수 있을 때까지 일선에서 뛰고 싶어요. 꼭 몇 살이라고 한정하고 싶지 않습니다. 생명이 있는 것은 활동을 멈추거나 정지하면 쇠퇴하거나 죽습니다. 물도 고이면 썩잖아요. 일을 할 수 없을 때는 재능기부를 통해 봉사활동이라도 할 생각입니다.

오선이 마지막으로 은퇴를 앞둔 40~50대 분들에게 하고 싶은 말씀이 있으신가요?

윤영선 40~50대 분들이라면 은퇴자들도 있겠지만 아무래도 예비 은퇴자들이 많겠죠. 단도직입적으로 말하자면 은퇴 준비를 피하려고만 하지 마세요. 자신의 인생 2막을 어떻게 설계할지 고민하고 차근차근 준비해 나가시길 부탁드립니다.

최병일 한때 유행했던 『누가 내 치즈를 옮겼을까?』는 변화에 어떻게 대처해야 하는지 쉽고 명쾌하게 이야기하고 있습니다. 책에서는 변화를 예측하고 준비하라고 친절하게 조언합니다. 늘 5년 후 10년 후를 내다보고 준비하는 자세가 필요합니다. '어떻게 하다 보면 되겠지'라는 식의 막연한 생각은 후회를 낳습니다. 본인이 좋아하면서 잘할 수 있는 일을 준비하면 가장 이상적이겠지요. 관심 분야의 책을 보고 경험 있는 사람들을 만나 많은 이야기를 들어야 감을 잡을 수 있습니다. 가장 중요한 것은 꾸준히 준비하는 자세입니다. 제가 독서토론 공부를 할 때도 처음에는 많은 사람들이 함께 시작했지만 중간에 포기하는 사람들을 많았거든요.

윤석윤 자신이 원하는 공부에 도전하라고 말하고 싶습니다. 지적인 즐거움을 알았으면 해요. 책을 좋아하거나 책을 읽어 보고 싶다는 생각이 있다면 도서관에 가라고 조언하고 싶어요. 도서관에 가서 독서회에 가입하면 책을 읽을 수 있는 좋은 환경을 갖게 돼요. 은퇴 후의 외로움도 극복할 수 있지요. 공부는 함께 하면 훨씬 효과가 좋습니다. 아주 약간 강제성을 띠는 것도 좋고요. 오래된 독서모임을 보면 회원들이 책을 숙제하듯 읽는 경우가 많아요. 오히려 그런 것 때문에 독서회 활동을 하는 사람이 많습니다. 그리고 한 가지 더, 글쓰기에 도전하라고 권하고 싶습니다. 글쓰기는 부담이 되는 도전일 수 있어요. 하지만 진정한 자신을 만날 수 있는 좋은 기회입니다. 글은 다른 사람들과 내적으로 만날 수 있는 좋은 매개체가 됩니다.

이 책도 자신의 인생을 제대로 살아 보지 못한 은퇴자들을 위해 썼습니다. 은퇴자를 위한 책은 대개 재테크와 건강에 한정되어 있잖아요. 그래서 책을 읽고 토론하고, 글쓰기를 하는 '지적인 삶의 즐거움'을 다른 은퇴자들 혹은 예비 은퇴자들과 나누면 어떨까 해서 세 사람의 경험을 담게 된 것이지요.

오선이 은퇴를 앞두고 막연한 불안감을 느끼고 있었던 분들께 세 분의 말씀이 많은 도움이 될 것 같습니다. 소중한 말씀 감사합니다.

우리는 모두 학생이다

은퇴 1년차인 정퇴자 윤영선은 공부를 통해 은퇴 후 삶에 대한 자신감을 얻었다고 말한다. 어떤 길을 가야 하는지 알게 되었다고 말이다. 책을 읽고 글을 쓰는 그를 보면서 아내의 태도도 달라졌다고 한다. 게다가 벌써 공저로 두 권의 책을 내지 않았나! 대개 은퇴자들은 직장을 나오면 자신이 쓸모없는 존재가 된 것처럼 느낀다. 소속감이 사라지면서 삶이 공허하다, 외롭다고 느끼기 쉬운데 이 고비를 공부를 통해 잘 남겼다. 이 책이 출간될 즈음에는 독서토론 강사로 제2의 인생을 출발할 예정이다.

졸퇴자 윤석윤은 요즘 인생의 황금기를 보내고 있다. 살면서 다양한 직업을 경험했다. 원양어선의 엔지니어, 수산회사의 직원, 무역회사 임원, IT기업, 시계제조회사, 교육회사, 마케팅회사에서 책임자로 일하고 교육 사업의 투자자가 되기도 했다. '열심히 일하면 반드시 성공할 수 있다'는 신념으로 일했지만 결과는 실패의 연속이었다. 그러면서도 공부가 재미있고 좋아서 일하면서 공부하고 공부하면서 일했다. 그러다 보니 새로운 공부로 좋은 사람들과 인연을 맺었고, 대학에서 강의도 하고, 세 권의 책에 공저자로 참여하게 되었다. 취미가 일이 되었고, 공부가 직업이 된 것이다.

조퇴자 최병일은 환갑이 지난 나이에도 왕성하게 교수로, 강사로 활동 중이다. 수십 년 동안 기업과 산업체에서 강의를 해 왔고, 인생 후반에 만난 책과 토론은 그에게 또 다른 길을 열어 줬다. 그를 역할모델로 삼는 젊은이들도 많다. 그는 젊은 사람들을 필요로 하는 곳도 있지만 나이 든 사람이 필요한 곳도 많다고 말한다. 인생을 살아오면서 겪은 경험이 빛을 발하는 순간이 있고, 그런 조언을 바라는 사람들이 많다고 말이다.

세 사람은 독학자(獨學者)가 아니다. 혼자 하는 공부보다 함께 공부하는 공학(共學)을 선택한 사람들이다. 함께 읽고, 토론하고, 글을 쓰면서 '혼자'라고 느꼈던 중년의 외로움을 극복해 나갔다. 공부로 맺어진 새로운 인간관계에서 존재감을 회복하고 독서토론을 하면서 세상을 보는 눈도 달라졌다. 주관적 편견을 넘어 객관적 시각과 견해를 가지게 되었다. 젊은이들이 흔히 부르는 '꼰대 기질'을 넘어선 것이다.

| 은퇴자의 공부법 |

오늘날은 평생학습의 시대이다. 공부를 위해 자발적으로 움직이는 사람들이 점점 많아지고 있다. 세상은 지식의 시대를 넘어서 생각의 시대로 진화하고 있다. 가진 자들이 더 많이 가지려 하면서 점점 양극화되고 있는 자본주의 사회에서는 이를 비판하는 인문정신이 필요하다. 물질적 풍족함은 결코 정신적 풍성함을 채워 주지 못한다. 삶의 풍요를 구가하는 시대에 사람들의 마음은 점점 허허로워지고 외로워진다. 그런 허기를 채우고 삶의 주인으로 바로 서기 위해서는 공부가 필요하다. 공부에 시작은 있지만 끝은 없다.

마지막으로 아직 부족하다는 세 저자에게 각자의 공부 경험을 책을 통해서 나누면 좋겠다고 격려해 준 숭례문학당의 신기수 대표와 김민영 이사에게 감사하다는 말씀을 전한다. '어른의시간' 오선이 편집장의 조언과 안내도 큰 힘이 되었다.

2015년 9월

윤영선 · 윤석윤 · 최병일

은퇴자의 공부법

—공부하는 은퇴자에게는 정년이 없다

1판 1쇄 발행 2015년 10월 05일
1판 2쇄 발행 2016년 12월 15일

지은이   윤영선, 윤석윤, 최병일

펴낸이   한기호
책임편집   오선이
펴낸곳   어른의시간
출판등록   제2014-000331호(2014년 12월 11일)
주소   121-839 서울시 마포구 동교로 12안길 14(서교동) 삼성빌딩 A동 3층
전화   02-336-5675
팩스   02-337-5347
이메일   kpm@kpm21.co.kr
홈페이지   kpm@kpm21.co.kr
페이스북   www.facebook.com/seniortime2015
인쇄   예림인쇄 전화 031-901-6495 팩스 031-901-6479
총판   송인서적 전화 031-950-0900 팩스 031-950-0955

ISBN 979-11-954453-5-6 03370

이 도서의 국립중앙도서관 출판예정도서목록(CIP)은 서지정보유통지원시스템 홈페이지(http://seoji.nl.go.kr)와 국가자료공동목록시스템(http://www.nl.go.kr/kolisnet)에서 이용하실 수 있습니다.(CIP제어번호: CIP2015025595)

어른의시간은 한국출판마케팅연구소의 임프린트입니다.
책값은 뒤표지에 있습니다.